이종화 수필집

가면무도회

좋은수필사

가면무도회

엄마, 아빠께

| 책을 내며 |

뒷모습이 아름다워야

  수필은 어렵다. 아무나 쓰기에 어렵고, 또한 아무나 쓰지 못해 어렵다. 나의 이야기여서 어렵지만, 그 안에 남도 담아야 하기에 어렵다. 문장을 흐트러트리되 운율과 온축으로 글의 중심을 잃지 않는 것, 자신을 잊어버리되 잃어버리지 않는 게 바로 수필이다.

  마음에 든 수필을 쓴 건 아버지를 여의고 나서였다. 어릴 적엔 나를 드러내기 위해 썼지만, 그때 처음으로 마음을 다스리기 위해 글을 썼다. 글을 쓰며 동심童心으로 돌아가기도 하고 먼 미래로 달려가 오늘을 돌아보기도 했다. 젊은 피가 끓을 때마다 비단에 수놓듯 수필을 썼다.

그렇게 쓴 글들을 여기 모았다. 몇 편 되지 않지만 이것도 나로서는 꽤 오랜 시간을 요해 빚은 것들이다.

수필의 멋은 간결함에, 맛은 긴 여운에 있다. 멎을 때와 버릴 때 그리고 떠날 때를 알면, 남다른 울림을 만들어 낼 수 있다. 그렇게 독자들에게 오랫동안 기억되는 작가, 뒷모습이 아름다운 작가가 되고 싶다.

모든 분들께 그저 감사한다.

2012년 봄

이종화

차례

1

가면무도회 _ 12
거울의 방 _ 16
밥그릇 _ 19
여의도 서정 _ 23
고소공포증 _ 28

2

바보 서른 _ 34
형제 _ 38
놀담길 _ 42
크리스마스 _ 46
곤충의 친구 _ 52

3

知의 사랑 _ 60
기다림 _ 63
커피 한 잔의 아침 _ 66
달빛 _ 71
큐피트의 화살 _ 74

4

숨은그림찾기 _ 78
개그와 유머 사이 _ 82
호두과자 _ 87
다카포 칸타빌레 _ 93
책 익는 마을 _ 97
성묘 _ 102

5

악마와 천사 _ 108
지도 없는 여행 _ 112
진품 스승님 _ 116
김 한 장과 어묵 한 개 _ 121
점심형 인간 _ 127
악어의 눈물 _ 131

6

말 없는 전령 _ 142
회전목마 _ 147
내 일터의 오아시스 _ 156
군인 한 개 _ 161
애인 만들기 _ 166
가장의 기도 _ 172

- **에필로그** _ 180
- **부록** _ 186

자신을 잊어버리되
잃어버리지 않는게
바로 수필이다.

가면무도회

 선율에 몸을 맡겼다. 그리고 연주가 끝났다. 난 춤을 추고 있었다. 가면을 쓰고. 그 사실을 까맣게 잊고 있었다. 그러고 보니 상대의 가면에도 관심이 없었다. '에잇, 가면 속 얼굴을 알게 뭐람.' 새 연주가 시작되기 전에 어서 새 짝을 찾아야 한다. 이번에는 어떤 가면과 어울려 볼까. 아니지. 그 전에 다른 가면을 써 봐야겠다. 분위기를 바꿔봐야겠다.

 사람은 겹겹이 가면을 쓰고 산다. 그래서 어울림은 가면무도회 같다. 진실이 거짓이 되고, 거짓의 거짓은 진실처럼 보인다. 알고 싶어도 알고 싶지 않은 척, 말하고 싶지만 관심 없는 척, 칭찬할만한 일이지만 남의 업적은 대수롭지 않은 척, 신경은 쓰이지만 그렇지 않은 척, 해주기 싫지만 타이밍을 잡지 못해 하지 않은 척, 곤란하면서도 태연한 척, 그러면 안 되는 줄 알지만 대범해서 그런 건 신경조차 아니 쓰는 척, 그러다 더 이상 물러설 곳이 없으면 모르쇠로 돌변하는, 이 세상은 그런 가면들이 사는 곳이다.

가끔은 귀여운 가면도 있다. 좋아하지만 안 그런 척, 일부러 왔으면서 우연히 만난 척, 깜짝 파티를 준비했으면서 오늘이 그 날이었냐는 재미있는 가면들. 그런가하면 용기 있는 가면도 있다. 숨고 싶지만 앞으로 나서고, 부끄럽지만 깨끗하게 시인하고, 곤란하지만 맺음이 분명해 상대에게 불필요한 기대를 심어주지 않는 가면들. 반상盤床에서 포커페이스가 되는 돌부처, 연막으로 승리를 쟁취하는 지혜, 잘난 체를 하지 않아도 스스로 빛나는 별, 가슴이 무너져도 그 마음을 다스릴 줄 아는 내공 깊은 이들은, 가면무도회를 멋진 빛의 행렬로 바꾼다.

가면들이 사는 세상에서 가면 없이 사는 건 위험천만한 일이다. 아니, 어리석은 일이다. 게임의 규칙만 지켜준다면, 가면은 날 보호하기 위한 탈이다. 아니, 목표가 된다. 소싯적부터 '큰 바위 얼굴'을 바라보며 자란 아이가 마침내 그 숭엄崇嚴한 얼굴을 닮아갔다는 호손의 이야기처럼, 언젠가는 내가 썼던 가면이 미래의 내 얼굴일 수도 있을 테니까. 기왕 써야하는 가면이라면, 그런 가면을 쓰고 싶다. 내 잘못을 감추기 위한 가면, 순간을 모면謀免하기 위한 가면을 쓰지는 말아야겠다. 부끄럽더라도 태연한, 곤란하지만 소신을 지키기 위해 겉으로는 아무렇지 않게 보이기 위한 가면을 쓰고 싶다. 그리고 만나는 가면들도 그랬으면 좋겠다. 언제나 바람일 뿐이지만.

가면을 쓰는 것은 자신의 의도를, 그 복잡한 감정을 감추고 싶을 때뿐이다. 선악과를 먹은 아담과 이브. 그들의 후예인 우린 항상 감추고 싶은 것 같다. 가면과 가면이 만나면, 우린 거울을 보는 것이다. 수많은 거울에 비친 부끄러운 자화상 앞에, 아무렇지도 않게 손을 내밀고 춤을 청하는 우리는 과연 누구일까. 이따금씩 가면을 벗은 용사들에게 뜨거운 박수를 보내는 건, 과연 그들의 용기를 진정으로 존경해서일까. 아니면, 우리 대신 그런 일을 해준 것에 대한 감사의 표시일까. 걱정이 앞선다. 마음이 조마조마하다. 솔직해서 매를 번 이들. 그들의 맨 얼굴에 쏟아진 세상의 비난을 수없이 보았기 때문이다.

다시 무도회가 시작되는 모양이다. 가면을 벗고 싶지만, 벗을 수가 없다. 단지, 닮고 싶은 가면을 고를 뿐이다.

거울의 방

 거울을 밀었다. 또다시 거울의 방이다. 출구를 찾아 종일 헤맸지만, 난 여전히 미로迷路 안에 갇혀있다.
 세상은 거울의 방. 이 방엔 요즘 대세라는 LCD 닮은 거울은 없다. 볼록거울, 오목거울, 녹이 슨 청동거울, 그리고 저 유명한 백설 공주에도 나오는 요술거울까지, 세상은 요지경瑤池鏡인 모양이다. 그런 세상 앞에 나를 세우면, 그 속엔 어김없이 나를 닮은 타인이 있었다. 가로로 늘어지고 세로로 오므라든 저 일그러진 형상은 세상의 눈에 비친 나의 모습이었다. 놀라웠던 건, 요술거울 속 내 모습은 거짓말처럼 멋졌다는 것이다. 그렇게 왜곡되는 내 모습이 싫어 난 오늘도 출구를 찾았다.

사람들의 눈에 비친 타인의 모습은 낯설기 그지없다. 인간은 그 낯섦에 자신의 낯익음을 불어넣는다. 마음대로 생각하고 멋대로 이해하며, 자신의 상상 속에서 새로운 인간을 지어낸다. 그 중엔 한없이 선한 천사도 있었고 난폭하기 그지없는 악당도 있었지만, 정작 착하면서 나쁘기도 한 우리들의 참모습은 없었다. 팔은 안으로 굽는다지만 살천스러운 우린, 익숙하지 않은 것을 너무도 사랑하지 못했다. 한 꺼풀만 벗기면, 그 안에 낯익은 속살이 고운 자태를 부끄럽게 숨기고 있을지 모르거늘, 겉 다르고 속 다른 것도 모자라 그나마 보이는 외양外樣마저 색안경을 끼고 바라보고 있었다.

그랬다. 사회적 존재인 난, 태어날 적부터 이곳에서 살았다. 하늘의 뜻이 없인 이 방을 나갈 수 없는 게 인간의 숙명이었다. 거울 속 자아와의 만남. 분신과의 조우遭遇. 오늘도 우린 수많은 거울에 비친 수백, 수천의 우리와 만난다. 근두운筋斗雲을 타던 손오공처럼 도술을 쓸 순 없어도, 살다보면 적당히 날 닮은 숱한 나를 잉태하기 마련이었다. 산꼭대기에 다다르면 미끄러지길 반복한다는 커다란 돌덩이를, 매일처럼 산 아래로부터 밀어 올려야만 했던 슬픈 시지프스의 하루처럼, 거울의 방에서도 그런 부질없는 매일이 돌고 돌았다.

  그래도 한 가지 소망은 있다. 어차피 이 방을 나갈 수 없는 운명이라면, 거울이 아닌 투명한 유리의 방에서 살고 싶다. 평평한 거울도 싫다. 그저 맑고 투명한 유리였으면 좋겠다. 어차피 세상엔 에이도스eidos를 온전히 비춰줄 그런 명경明鏡은 없을 것이었다. 닫힌 공간에 갇힌 사람에겐, 한 줄기 빛을 선사할 투명한 창窓이 절실했다. 더욱이 나와 다른 자아를 기어이 보아야만 하는 이곳에서는.

  오늘 밤 꿈속에선, 베르사유 궁전으로 가고 싶다. 그곳에 있는 거울의 방으로. 인간의 경탄을 자아내고 사람의 마음을 현혹시켰던 귀족들의 허영에 찬 삶, 그 무도회의 현장에서 내일을 대비한 예행연습이라도 해야 하지 않겠는가. 얼짱 각도. 그런 것이라도 지어 보여야 하는 것일까. 배시시 웃으며, 내일은 희극배우가 되어 보자. 어차피 인생은 코미디가 아니던가.

밥그릇

 아, 드디어 집이다. 늦은 밤, 곤죽이 되어 택시에서 내렸다. 오늘도 하루라는 숙제를 마쳤다. 불 꺼진 아파트의 창들, 새벽의 도시는 어쩜 이렇게 천연덕스럽게 잠들어 있을까.

 하수구로 흘러드는 물줄기에 도둑고양이 한 마리가 고개를 늘어뜨리고 있다. 홀짝홀짝 물을 마시며 사람 눈치를 살피는 그 가여운 목선이 아릿하다. 손목에 찬 시계를 본다. 정오에 멈춰있다. 내가 어금니로 음식을 으깨어 먹기 바빴던 그 시간, 이 녀석은 소리도 없이 죽었던 거다. 그 놈의 밥이 없어서.

더운 물에 몸을 씻고 자리에 누운 지 몇 시간 되지도 않았는데, 아침잠을 깨우는 문자메시지가 날아왔다. 맞다, 오늘이 월급날이었지. 잠결에 실눈을 뜨고 액수를 확인한다. 참 고마운 일이다. 때 되면 꼬박꼬박 통장에 밥을 넣어주니. 덕분에 난, 내 시계처럼 굶지 않아도 되었으니 말이다.

사무실은 밥그릇들이 모여 숨 쉬는 곳이다. 실적에 목을 매는 밥그릇, 어제의 말이 오늘과 전혀 다른 줏대 없는 밥그릇, 늘 좋고 싫음이 애매한 그저 그런 밥그릇, 최선을 다하지만 센스가 부족해 비웃음을 사는 밥그릇, 자기 밥도 못 챙겨먹는 못난 밥그릇, 그러다 저희들끼리 부딪혀 깨지기도 하는 이곳에선, 새카맣게 속이 타들어가도 얼굴에 웃음 하나쯤 잘도 붙이고 산다.

밥그릇들이 직장에서 겪는 굴욕은 생존의 당위성 앞에서 무력해지곤 한다. 밥그릇들은 서로 대신해 줄 수 없다. 함께 힘을 모아 직장이란 커다란 솥에 밥을 지으면, 제각기 개미처럼 달라붙어 자기 밥그릇에 밥을 담아가기 바쁘다. 그렇게 어렵게 구해온 걸 온 식구가 둘러앉아 각자의 목구멍 속에 열심히 투입하는 게, 삶이다. 그 밥을 먹고 누룽지까지 샅샅이 긁은 뒤, 깨끗이 설거지를 마치고 나면 밥그릇들은 다시 일터로 나가 밥을 구할 것이다. 처음에는 밥을 구하기 위해 저마다 거리로 나섰지만, 결국 밥벌이를 위해 밥을 먹는다.

 밥그릇은 '선'도 '악'도 아니다. 그러나 인간의 허영심은 남의 밥그릇까지도 자신의 밥그릇에 편입시키려 한다. 숱한 밥그릇들이 모인 이 사회에서 크고 튼튼한 밥그릇은, 작고 깨지기 쉬운 밥그릇들을 품고 위세를 떨친다. 이쯤 되면 밥그릇은 권력이 된다.

 어떤 방법으로 그리 거대하고 견고한 밥그릇이 되었는지는 모르겠지만, 먹고사는 데 별 지장이 없는 이 밥그릇 중에는 스스로 만든 질서와 규율에 맞서는 작은 밥그릇을 '악'으로 규정하는 옹졸한 그릇들도 있었다. 밥벌이를 위해 자신의 밥그릇에 교묘히 남의 밥을 담고, 그 밥을 선심인 양 생색내며 되돌려주는 이 시대의 위선자들. 자신의 잘못을 적당히 눈감아주는 조그마한 밥그릇들에겐 제법 밥도 고봉高捧으로 담아주는 넉넉함으로, 그들은 이 대도시의 철밥통이 되었다.

 떳떳이 살고 싶으면 내 밥그릇 하나쯤 포기할 용기도 있어야 하건만. 굶주림과 따돌림, 그 두려움 앞에서 나의 소신은 그저 허울일 뿐이었다. 제 밥벌이를 위해 '허명虛

쉽'을 미끼로 자신의 밥그릇에 남의 몫을 담는 이들이 넘치는 이 사회에서는, 아예 내 밥그릇 따윈 없는 게 더 나을 지도 몰랐다.

  형과 내가, 각자의 작은 밥그릇에 쌀을 담아오면 어머니는 밥을 지어 주신다. 아침식사는 꼭 하고 가라는 어머니. 이른 아침, 우리 집 안팎에 풍기는 고소한 냄새가 참 좋다. 잡곡에 콩을 섞어지은 밥이 키를 세우면, 어머니는 밥솥의 쌀과 잡곡을 소담히 퍼 아침상에 올린다. 집에서 아침 한 끼만 먹는 날이 많은 평일엔 생선에 고기반찬까지, 찬饌이 족히 열 가지는 넘는다. 그 옆에 가지런히 놓인 어머니의 수저. 아마도 어머니는 우리가 출근한 뒤, 우리가 남긴 헌 밥을 드실 것이다. 그렇게라도 먹을 걸 좀 아껴두어야 우리가 밖에서 조금이나마 떳떳할 수 있을 것이라며.

  오늘 퇴근길에도 그 도둑고양이를 보았다. 이번에는 쓰레기더미 위에 올라타서 무언가를 열심히 뒤적이고 있었다. 저 녀석은 그렇게 제 밥그릇에 밥을 채운다, 눈치를 살피며. 작은 밥그릇의 비애, 아니 나의 비애다.

여의도 서정

흘러가는 그리움 _ 한강

한강은 수 만년의 세월을 잇고 이어 느릿느릿 유유히 흘러간다. 시원始原에서 달려왔을 물길이 다소곳이 고개를 숙이고 찬찬히 강바닥을 핥으며 지나는 이곳. 바로 여기가 섬 아닌 섬, 여의도다.

강은 아름답다. 흘러가기에 아름답다. 강을 보면 흘러가는 모든 것을 긍정할 수 있다. 잠시 내 손에 쥐어졌다 날아간 모든 것을. 순간과 그 순간들이 모여 이룬 세월, 사랑과 미움 그리고 이젠 그 어느 쪽도 아닐 아무렇지도 않은 감정, 가끔씩 찾아왔던 기회란 이름의 위기와 위기로 불렸던 진정한 기회, 그리고 이제는 일일이 기억할 수도 없는 모든 것마저 너그럽게 인정하는 내가 된다.

우리가 평소 알고 있던 강. 그건 그저 '흐름'의 다른 이름이었을 뿐. 강가에 서면 흐름과 다른 '흘러감'의 뉘앙스를 깨닫게 된다. 그 차이는 단지 '달림'과 '달리고 있음'의 문제, 현재와 현재진행 사이의 문제가 아니다. 문득 달력을 보며 가을임을 확인하는 것과 초야初夜의 귀뚜라미 소리에 가을이 왔음을 새삼 느끼는 것의 차이, 그래 꼭 그만큼일 것이다. 무관심 속에서도 한강은 여전히 흐르지만, 흘러감은 오직 관심 속에서만 가능하다. 아침저녁으로 마포대교를 건너던 때의 한강은 그저 흐름이지만, 어쩌다 친구와 맥주 한 캔 들고 찾은 한강은 내 눈에 '흘러가는 강'이 되었다.

인위적 무위無爲 _ 여의도 공원

여의도. 아주 먼 옛날 하도河道가 이룬 뜻밖의 벌판에 개발開發의 이름으로 둘러친 섬둑 안으로 너도나도 지어 올린 수많은 빌딩들이 숲을 이룬 이곳. 그 인위의 흔적이 아픈 강은, 이제는 제법 거센 비바람이 몰려와도 둑과 둑 사이에서 용울음을 터뜨릴 뿐 좀체 그 너머로 범람하지 못한다.

그렇게 일궈낸 삶의 터전 속에 인간은 여의도 공원이란 자연의 터전을 만들어 줬다. 인위 속의 무위. 인간이 자연에 공간을 허락한다는 발상. 이건 분명 뭔가 거꾸로 된 것이지만, 어쨌든 우리는 이런 걸 문명이라 부르고, 나는 그걸 '인위적 무위'라 이른다.

이 무위의 공간에 찾아왔던 작년 그 가을이 돌아왔다. 초저녁 퇴근길. 한참 농구시합에 열심인 사내아이들 사이로, 인라인 스케이팅을 가르치는 아빠와 사이좋은 어린 딸, 강아지와 산책 나온 마음씨 좋아 보이던 여인 사이로 불었던 스산한 가을바람은 한 폭 풍경이었다. 야근을 마치고. 운동 좀 한답시고 끊임이라곤 없는 자전거 도로를 따라 한껏 달음박질치다 가쁜 숨이 버거우면, 헉헉거리며 콘크리트 바닥에 주저앉아 그렇게 한참을…. 심장 소리가 귀에서 멀어질 즈음 풀숲 여기저기서 또렷이 들리던 밤벌레 우는 소리에 비로소 가을이 왔음을 느꼈던, 그 가을이 왔다.

그런 가을밤이 기억나는 건, 서늘함과 홀가분함이 있

어서다. 인위와는 거리가 멀어보였던 사람들의 자연스러운 삶 한 토막. 그걸 바라보는 일은 밖에서 안을 들여다볼 때의 밀密이 아닌 창을 통해 밖을 보는 현顯의 편에 더 가까웠다. 서로가 서로를 바라보지만 결코 서로를 관찰하지 않음은, 여의도공원이 인위적 무위의 공간이었기에 가능했으리라. 살짝 비껴서 각자의 삶을 외면한 채 각자의 가을밤을 누리는 자유가 좋아, 그 밤 피곤한 몸을 이끌고 그리 뛰어다녔다. 함께라도 혼자 있는 것 같은 기분, 그게 이 공원이 준 매력 아니었을까.

도심 속의 낙엽 _ 행변풍경行邊風景

늦가을로 접어들 무렵, 은행 앞에는 바싹 마른 낙엽들이 아무렇게나 나뒹군다. 낙엽은 가을의 시심을 자극한다. 허나 기실, 도심에는 가을을 느낄만한 게 그리 많지 않다. 이곳에는 운무雲霧 대신 스모그가 있고, 흙길 대신 포도鋪道가 있으며, 별빛 대신 가로등이 있기 때문이다. 하여 도심에선 행인의 긴 소매와 낙엽이 가을의 깊이를 재는 척도가 된다.

낙엽은 쓸쓸하다. 어느 수필가의 말처럼 그 외로움이

그러하고 나그네 발길에 아무렇게나 짓밟히는 그 대수롭 잖음이 또한 그러하다. 일에 파묻혀 하루를 보내는 직장인들에게 일각一角이란 바람에 떨어지는 낙엽처럼, 그렇게 지나가고 또 그렇게 잊히는 것이기도 하다.

은행 앞에서 아침마다 트럭을 세우고 샌드위치를 파는 아저씨, 거리에서 촌각을 다투며 전단지를 낙엽처럼 뿌려대는 영업사원들, 그리고 테이크아웃 커피점에서 부지런히 라떼를 섞는 아주머니의 바쁜 손길이 짓는 표정 속에 여의도의 하루는 시작된다. 그렇게 변함없는 그분들의 매일 아니 가을은, 수북이 쌓이는 낙엽을 따라 깊을 대로 깊어간다.

도심은 인위의 공간. 자연의 손길이 잘 드러나지 않을 것 같은 이곳에도 가을빛은 햇살처럼 내린다. 울긋불긋한 낙엽은 이불처럼 거리를 덮는다. 시간이 쌓이며, 변하지 않아보이던 행변의 풍경도 결국 변하고 만다. 계절이 돌면 그리움도 돈다.

고소공포증

 산을 오르며 두려움은 없었다. 목표가 있기에 오르고 또 올랐건만, 오를 땐 그 높이를 몰랐다. 그저 오르는 일, 그 상승上昇의 욕구에만 충실했을 뿐이었다. 애써 된비알을 오른 대가는 만족보다는 공포였다. 이제 그 값을 톡톡히 치르는 셈. 바위 위에 위태롭게 의지한 나의 육신은 아슬아슬한 천 길 낭떠러지를 응시하며 바들거린다.

 생각해보니, '63시티'를 오를 때도 그랬다. 저기 오르면 세상이 내 것일 것만 같았다. 허나 서울의 빌딩 숲, 그 현대판 바벨탑들을 발아래 두기 위한 여정은 우습게도, 새의 흉내만 낸 꼴이 되었다. 정상에 올랐다는 만족감.

그러나 또다시 밀려오는 허무감. 전날의 씁쓸한 뒷맛이 아직 개운치 않건만, 오늘 산을 오르며 그 유령 같은 욕구에 다시 사로잡히고 말았다.

우리는 항상 오르고 싶은 것 같다. 가난할 땐 넉넉하기만 하면 그만이라 여기지만, 돈 좀 모이고 나면 더 큰 부자가 되려 한다. 말단末端일 땐 첫 승진만을 손꼽아 기다리지만, 정작 원했던 자리에 오르면 더 높은 자리를 탐내곤 한다. 대의大義를 이루겠다며 개혁의 선봉에 선 이는, 권력을 잡고 오직 그것을 유지하기 위해 안달한다. 그렇게 우리의 시선은 가진 것보다는 갖지 못한 것에, 아래보다는 위를 향하게 마련이다.

그러는 사이 제 욕심 하나 채우기 위해, 편법便法으로 재산을 모으기도 하고, 동료를 밟더라도 높은 자리를 취하려 하고, 약자를 억누르면서 구차한 권력을 보존하고자 한다. 오를 때와 올랐을 때. 그 마음이 이리도 다르기에, 우린 맘 졸이며 기원하던 어제를 잊고 감사보단 아쉬움이 앞서는 오늘을 살게 마련이다. 초심初心을 잃은 채 남의 떡이 커 보이는 건 예사요, 사촌이 산 논을 볼 땐 소화에 좋다는 백약百藥이 무효다.

그래도 오르는 행위를 탓할 수는 없다. 괴테는 인간의

위대함을 끊임없는 상승의 욕구에서 찾았다. 운명運命이란 본디 리듬을 타듯 오르내림을 반복하는데 그 부침浮沈 속에서 인간은 방황하게 마련이고, 그리 떠돌던 마음은 때로 큰 죄罪를 짓기도 한다. 허나 그것이 선善을 향한 긴 여정에서 생긴 일탈逸脫에 불과했다면, 인간은 악의 충동 속에서도 스스로를 굳건히 지킨 갸륵한 존재가 된다. 사람이 그리할 수 있는 건 그들이 지닌 끊임없는 상승의 욕구 때문이요, 괴테의 신은 그런 인간을 어여삐 여기는 것이었다.

그렇기에 악마에게 자신의 영혼을 팔아 젊음을 얻었던 파우스트도 종국엔 구원을 받지 않았던가. 그의 악행은 실로 패륜이었다. 순결한 처녀 그레첸을 유혹해 사생아私生兒를 낳게 한 죄, 자신의 사랑을 훼방한 그녀의 가족들을 모두 죽인 죄, 결국엔 사랑하는 그레첸마저 죽음으로 내몬 비정함. 그런 그가 이 모든 패악悖惡을 씻고 하늘나라의 부름을 받는다. 악마조차 이해하지 못한 그의 천국행은, 상승이 비록 죄인罪人을 만들어냈지만 궁극의 구원으로 인간을 이끌었음을 암시한다.

우리도 파우스트처럼 오르고 싶어 한다. 그러나 그의 가치는 선善에 있었다. 결코 금전이나 자리, 혹은 무소불

위無所不爲의 권력에 있지 않았다. 파우스트 역시 우리처럼 오르고 또 올랐지만, 그의 높음은 우리가 지닌 만인지상萬人之上의 꿈과는 다른 것이었다. 남들이 오르니 나도 힘껏 올라야 하는 각박한 현실 속에서 타인보다 높기 위한 우리네의 여정은 많은 이를 발아래 두어야 의미가 있게 마련이다. 그렇기에 얻으면 잃을 것이 두렵고 날면 떨어질까 노심초사勞心焦思하며 아래만 보면 머리가 어지러운 것이리라. 그렇게 현대인은 고소공포증에 시달리며 매일을 산다.

몹쓸 병에 걸린 환자가 그 병을 외면하듯 고소공포증에 시달리는 현대인은 짐짓 아래를 보지 않는다. 그곳까지 올라온 자신이 대견하기 보다는 아직도 까마득하게 남은 상승의 여정으로 불만스러울 따름이다. 그렇게 우리의 생활은 상승 속의 침전을 거듭하고 만다.

상승의 욕구. 난 그것을 탓하고 싶지 않다. 다만 달이 차면 기울듯 올라가면 반드시 내려올 때가 있으며, 시작이 있으면 그 맺음이 있어 만남의 기쁨 끝에는 별리別離의 슬픔이 기다리면서도, 추운 겨울이 길면 봄의 문턱도 머지않음이 자연의 순리요 생의 등마루임을 받아들일 수 있으면 좋겠다. 올라가서 불안에 떨기 보다는 차라리 스스로 낮은 곳으로 임하는 건 어떨까. 버리면 오히려 얻을 수 있다는 역설적인 진리가 내리막길을 걸으면서도 하늘로 오를 수 있다는 깨달음으로 이어진다면, 이는 지나친 비약일 텐가.

가면과 가면이 만나면, 우린 거울을 보는 것이다.
수많은 거울에 비친 부끄러운 자화상 앞에,
아무렇지도 않게 손을 내밀고 춤을 청하는 우리는
과연 누구일까.

바보 서른

이봐, 어서 실토하란 말이야! 게임이 시작됐다. 떨고 있는 바보 하나를 다그친다. 죄를 시인하면 형량을 줄여주지. 이게 마지막 기회야. 다시 말해두지만, 확실한 증좌도 있어. 같이 끌려온 그 녀석도 결국 자백했다고. 이대로라면 너 혼자 다 뒤집어쓰고 말겠지. 그 놈 몫까지. 어디 잘 생각해봐.

증거? 그런 게 있겠어. 저쪽 방 친구가 입을 열었다는 말도 아마 거짓일 게다. 순순히 자백을 받아낸 뒤 적당히 벌주려는 속셈이거늘. 허나, 눈앞의 이익에 목맨 바보들은 대개 잘못을 인정하기 마련이었다. 죄가 없어도. 함께 입을 다묾이 최선이건만, 두 바보는 그렇게 옥獄에 갇히고 만다. 용의자 아닌 죄수로.

게이머gamer의 맞추기식 수사. 그 안에서 잘도 놀아나는 게임 속 캐릭터들은, 고양이목에 방울하나 달지 못한 채 부질없이 회의만 되풀이하는 생쥐들의 우유부단함, 악동 한 명에 학교 전체가 술렁여도 누구 하나 선뜻 나서지 못하는 우리 교실의 나약함을, 꼭 닮았다. 케냐의 코끼리 수가 줄어들고 이 지구별이 온실처럼 변하는 건, 협력과 외면 중 보다 손쉬운 패를 내려놓은 탓이다. 그리고 저 외면이 배신이 되는 순간, 어렵사리 이룬 담합은 산산이 부서지고 웃음의 포커페이스는 가면을 벗는다. 공포탄이 실탄으로 바뀌면 전쟁은 시작된다.

이 어정쩡한 동행은, 내 안에도 있다. 두 개의 속마음. 남의 아픔이 꼭 아프지만은 않고, 널 사랑하지만 나보다 소중할 순 없는 우린, 늘 빛 속의 그늘을 보며 차마 선택이란 걸 한다. 아니라 하겠지만 좀 비겁한 선택을 하고야 마는 우린, 조물주가 고안한 생이란 게임의 몇 단계쯤 와 있는 걸까. 사람의 마음은 마트료시카matryoshka. 친숙한 나를 열면, 안엔 전혀 다른 내가 있다. 그리고 그 속의 또 다른 나. 아프지만, 그 모두가 나다. 그래서 나와 너. 내 안의 내가 너라고 부르는, 그 '또 다른 나' 사이에 벌어지는 이 게임을, 난 삶이라 적는다.

서른은 '너'를 껴안는 나이. 너의 눈으로 너의 너를 한 번쯤 돌아보는 나이. 맑은 샘 위로 비친 골룸의 얼굴에 소스라치던 스미골이 되어, 실망스런 내 모습을 보아야만 하고 또 받아들여야 하는 나이. 그런 널 외면하는 순간, 우린 딜레마에 빠진다. 저 죄수들처럼. 어쩌다 이룬 아주 작은 성취에 커다란 의미를 부여하고, 타인의 업적엔 서슴없이 악플을 다는가 하면, 종종 뜻 없이 용감해지고 만다. 한 몸뚱이를 썼지만 서로 인정하지 않았던 지킬과 하이드는 자살로, 게임에서 로그아웃되었다. 하나가 삭제delete되면 다른 하나도 사라진다. 너와 나는 복제된 하나니까.

서른이다. 한창 게임 중. 심문은 계속된다. 꿈과 현실, 난 꿈을 꾸고 있었다. 생각 좀 해 봤어? 게이머가 묻는다. 저쪽 방에 있을 또 다른 난 지금쯤 뭘 하고 있을까. 설마 자백을? 아니야, 믿어야지. 협력과 배신. 두 개의 카드 중 어느 것을 고를까. 에잇, 모르겠다. "저도 했어요." 그러자, 그의 입가엔 옅은 미소가 퍼진다. 아차, 덫에 걸렸다.

저어, 이번 판은 연습 아닌가요? 글쎄다. 아, 나는 바보. 바보 서른이다.

형제

빼빼로가 나왔다는 소문이 온 동네에 퍼졌다. 가자, 형은 내 손을 잡고 달렸다. 골목에는 이미 빼빼로를 손에 든 아이들이 둥그렇게 모여 웅성거리고 있었다.

우리는 이야기를 엿듣는 시늉을 하며 그 동그라미를 맴돌았다.

한참이 지났지만 누구 하나 눈길을 주지 않았다. 묘한 서항감이 조밀하게 형성되어, 날카롭게 우리를 거누고 있었다. 우리가 비집고 들어갈 틈은 도무지 보이지 않았다.

이윽고 대장이 입을 열었다.

"야! 너네 뭐야?"
"우리도 과자 하나만 줘."
형이 두 손을 포개어 바가지처럼 만들었다.
아이들이 웅성댔다.
"쟤들 뭐야?", "재수 없어."
그러자 대장은 한 손을 천천히 들면서 순식간에 주변을 조용히 시켰다. 저런 대장의 몸짓은 늘 멋있게 보였다.
"야, 니가 뭔데?"
"하나만…. 먹고 싶어."
"꺼져! 이게 얼마짜린 줄 알아?"
보다 못해 나도 거들었다.
"우리도 줘어."
"뭐? 이 쬐그만 자식들이."
순간 침묵이 흘렀다. 모두 긴장했다.
"……."
"좋다. 하나만 주지. 대신, 너만 먹어."
난 너무 좋아 입에 함박웃음을 머금곤 어쩔 줄 몰라 했다. 곁에 있던 형이 갑자기 내 손을 놓더니, 대담하게 말을 이었다.

"나도 줘!"

"싫어, 넌 안 돼."

"왜 안 되는데?"

"그냥 넌 안 돼."

예상치 못했던 일이었다. 형이 대장과 사이가 좋지 않았지만, 나는 형과 늘 같은 편이었다. 모두 내 입만 바라보고 있었다. 오직 한 사람, 형만 빼고.

잠시 머뭇거리던 나는 그만 그 과자를 입에 넣고 말았다. 그제야 형은 시무룩한 표정으로 오물거리는 내 작은 입을 지켜보았다. 난 그렇게 형을 두고 원 안의 대열에 합류해 버렸다. 어쩌면 형은 나라도 먹어 다행이라고 생각했을지는 몰랐다.

순간 어머니에게 손목을 꽉 잡혔다. 우리 둘은 동네에서 가장 큰 가게로 끌려갔다. 여기들 있어라, 가게 안으로 사라진 어머니는 잠시 뒤 빼빼로를 한 통씩 사서 우리 손에 쥐어 주셨다.

어둡던 형의 표정은 순식간에 해맑게 변했다. 우물우물. 너무도 좋았나보다. 날 보고 연신 "종화야, 마딛지? 마딛지?"를 되풀이했다. "엄마, 엄마! 되게 마딛어요." 늘 '맛있다'를 '마딛다'로만 발음하던 형이었다.

우리는 빼빼로를 들고, 일부러 그 동그라미 앞을 지나 집으로 갔다. 손을 꼬옥 잡고.

돌담길

아버지를 잃은 지 여드레째다. 오늘 새벽에도 아버진 돌아오지 않았다. 정동貞洞의 새벽, 돌담길을 걷는다. 눈물진 얼룩을 덮어주려는 듯 밤새 하얗게 눈이 내리고, 아무도 걷지 않은 이 태초의 길을 어머니와 함께 걷는다.

삶과 죽음을 가르듯, 돌담은 담 안과 담 밖을 명징하게 갈랐다. 담벼락 밖에 서 있는 나는, 저 안의 일을 알지 못한다. 그건 안에서도 그리할 것이었다. 서로가 가까이기에 그 각각은 어느 한편에서는 공존할 수 없기에, 우리는 안과 밖을 반대말이라 부른다.

죽음은 단순했다. 불러도 대답이 없는 거였다. 아버지

의 마른 육신을 끌어안고 어머니는 슬피 울었다. 어머니는 길게 울었고, 우리는 따라 울었다. 울음은 울음을 낳고 그 울음이 다시 울음을 낳아 울음은 바다가 되었다.

대한문大漢門에서 출발한 걸음걸음이 덕수궁 돌담길을 따라 이어진다. 뽀득, 뽀드득. 이 소리는 내가 살아있다는 증거일 게다. 수북한 눈길의 정취가 담벼락 굽어진 저 끝에서 아늑히 사라지고. 마른 겨울가지 위로 사뿐히 내려앉은 눈꽃에 참새 하나 시린 부리를 모아 입을 맞추면, 후두둑 눈비 내리는 소리가 생기를 불어넣는 세상의 아침.

이윽고 둥근 분수대에 이르고, 삶은 다시 여러 갈래로 나뉜다. 왼편에 선 저 미술관은 어릴 적 로댕의 조각전을 보았던 곳이다. 삶과 죽음, 그 갈림길에서 '생각하는 사람'은 옷마저 벗어던진 채 우두커니 앉아 있었다. 인간의 숙명을 청동의 육감으로 응결한 그 조각 앞에서, 어머니는 이런 게 바로 예술이라 하셨다. 아버지는 곁에서 고개를 끄덕이셨다. 그로부터 십여 년의 세월이 흐르고, 아버지는 기어이 생에서 사를 몸소 보여주셨다. 돌아가신 아버지를 침대 위에 일으켜 앉혔을 때, 아버지는 꼭 '생각하는 사람' 같았다. 열아홉 이후, 생의 여정에 아버지는 없었지만 선택의 기로에 설 때마다 당신의 등신상等身像을 가슴 속에서 꺼내어 응시하곤 했다.

추억이 하얗게 쌓인 미술관의 돌계단을 뒤로 하고, 산 사람들은 삶의 길을 간다. 무작정 걷는다. 하관下棺을 차마 감당할 수 없었던 그날로부터 수능시험을 멍하니 치러야 했던 어제에 이르기까지, 다만 포기를 위해 살았던 지난 일주일을 회억한다. 기다림 끝에 포기할 때는 허탈함이라도 있었건만, 포기를 위해 기다린다는 건 그 어떤 감정도 아니었다.

이화여고를 지난다. 문득 어머니가 말을 건넨다. 아가, 영화 한 편 볼래? 경향신문사 옆 골목에 소극장이 하나 있었다. 라이언 일병 구하기. 라이언을 구하기 위해 다른 부대원들이 사지死地로 뛰어들어 모조리 죽는 이야기였다. 거기에는 '최대 다수의 최대 행복' 따윈 없었다. 만일, 숫자가 그리도 중요했다면 라이언 한 명의 삶을 나머지 죽음과 맞바꿔서는 아니 되는 것이었다. 라이언은 살았지만 행복하지 않았다. 설령, 라이언만 죽었더라도 그건 마찬가지일 것이었다.

죽음은 사슴의 무리를 좇는 초원의 치타처럼, 삶을 쫓고 덮친다. 딱히 이유도 없고 정해진 순서도 없었다. 누가 먼저랄 것도 없이 죽음의 그림자는 삶을 삼켰다. 그렇게 아버지는 떠났다. 주린 배를 채운 죽음은, 잠시 사냥을 멈추고 어디선가 낮잠을 청하는 지도 몰랐다. 초원의 법칙은 냉정했다. 살아남은 사슴들도 언젠가는 저렇게 떠날 것이었다.

그 날 처음 돌담길을 걸은 후, 나는 그 길을 걷고 또 걸었다. 그렇게 하루가 하루씩 부스러지고, 열두 해가 흘렀다. 돌담길에도 봄꽃은 다시 피었다. 바람이 불자 라일락이 고개를 흔들며 하얀 비를 머리 위로 내린다. 꽃잎은 시간의 자취처럼 내려앉았다. 그리움은 바람처럼 먼 데서 소리 없이 왔다. 걸음이 깊어갈수록 나이를 먹어갔다. 아들은 아버지가 되고, 다시 그 아비의 아들이 아버지가 될 것이다.

크리스마스

누구에게나 마찬가지이겠지만, 나에게 크리스마스는 항상 기다림과 설렘으로 다가서곤 했다. 어릴 적에 설, 단오, 추석과 더불어 4대 명절 가운데 하나라 알고 있었으며, 전날인 24일 밤에는 내가 잠이 든 사이 어김없이 산타클로스가 찾아온다는 행복한 생각은 내가 성탄을 손꼽아 기다리는 또 하나의 이유였다. 거기다 공교롭게도 20일의 아버지 생신과 1일 이후의 신정 연휴까지 겹쳐 그야말로 이 기간은 1년 가운데 가장 행복한 시기였고, 그 중심에 해당하는 크리스마스는 축제의 절정絕頂이었던 것이다. 하루 밤을 자고 일어나면 한 해도 거르지 않고 내 머리맡에 놓여 있는 두 세 개의 선물 꾸러미는 평소에 몹시도 바라던 것들이었으며, 내 마음을 알아주시는 산타클로스는 정말 훌륭한 분이라고 생각했다. 게다가 엄마, 아빠가 사주시는 푸짐한 성탄 선물과 함께 25일 밤에 우리 집에서 열리는 예수님의 생일 축하 파티에는 초콜릿 케이크를 엄마만큼 사랑한다는 나와 우리 가족이 초대되는 복된 날이었다.

어린 시절, 나는 산타클로스가 나뿐 아니라 전 세계 모든 어린이들을 24일 밤에 방문한다고 생각했다. 텔레비전에서는 산타와 비슷한 옷차림의 누나가 나와 그 분은 코가 빨간 사슴이 끄는 썰매를 타고 온 누리를 누빈다 하였고, 엄마는 산타클로스가 꼭꼭 잠긴 우리 집 문을 만능 열쇠로 소리 없이 여는데, 내가 잠이 든 사이 그 분을 몇 번이고 만나 본 일이 있다고 하셨다. 여기저기서 얻어들은 산타에 대한 지식은 산타가 사는 세계에 대한 동경憧憬과 상상想像을 불러일으키기에 충분했다.

산타클로스가 사는 세상은 우리와는 아침과 저녁이 정반대인 곳이었다. 우리가 잠이 들 무렵 산타클로스는 자리에서 일어난다. 하품을 하면서 졸음이 아직 달아나지 않은 눈을 연신 비벼대는 그는 서두르기 시작한다. 우선

잠옷 차림으로 할아버지는 화장실에 가서 볼일을 본다. 그리고는 닭장의 암탉이 품고 있는 달걀을 두어 개 가져와 먹다 남은 식빵에 곁들여 아침 식사를 하는 것이다. 따스한 커피를 마시며 그는 오늘 아침에 온 신문과 라디오에서 흘러나오는 일기예보에 귀를 기울인다. 날씨는 할아버지의 썰매 운행에 중요한 정보이기 때문이다. 아침 식사를 다 마친 할아버지는 어젯밤에 써 둔 아이들에게 줄 편지와 함께 정성이 가득 담긴 선물들을 썰매에 싣고 다시 한 번 주소를 확인한다. 그리고는 그 예쁜 빨간 코트를 온 몸에 두르고 방울 달린 모자를 눈썹 위까지 뒤집어쓰곤 다갈색의 자루를 어깨에 짊어진다. 할아버지는 마지막으로 허리춤에 엄마가 말한 '그 열쇠'를 달고 루돌프 사슴과 함께 길을 떠나는 것이다.

하늘로부터 우리 집까지 참으로 먼 길을 오시는 산타클로스를 위해 나는 몇 번인가 조그마한 정성을 준비한 일이 있었다. 잠들기 전 할아버지가 현관에서부터 내 방으로 실수 없이 오실 수 있도록 쓰다만 스케치북의 흰 종이를 모조리 뜯어 집 안 곳곳에 '산타 할아버지, 이쪽으로!' 라는 문구를 적어 붙여두는 것이었다. 또 언젠가는 산타클로스를 위하여 오렌지 주스와 앙금이 든 빵을 머리맡에 두고 잔 일이 있었는데, 엄마는 그 때마다 웃는 얼굴로 산타할아버지는 위스키를 좋아하신다며 가지고 가신 적도 있었다. 아무튼 나에게는 크리스마스 이브가 너무나도 행복했다. 그래서 난 절대로 어른이 되지 않겠다고 다짐하곤 했다.

이런 행복도 그리 오래가진 않았다. 내가 초등학교 4학년이던 성탄 이브, 선물 생각에 난 번쩍 잠에서 깨었다. 하지만 여느 때와 달리 머리맡에는 빨간 카드와 호주머니에도 들어갈 정도의 약소한 선물이 포장되어 있었다. 보잘것없는 선물에 산타클로스가 공연히 원망스러웠다. 카드에는 부모님 말씀 잘 듣고 형과 사이좋게 지내라는 당부와 함께 하늘나라 은행이 아닌 한국은행 발행의 만 원 권이 석 장 들어 있었다. 그리고 포장된 선물은 다름 아닌 우리 부엌의 과자 그릇에 오랫동안 방치되었던 초콜릿 과자처럼 보였다. 난 어둠을 뚫고 부엌으로 잠입하여 과자 그릇을 뒤지기 시작했다. 수색 결과 10여 년간 나를 기대에 부풀게 했던 산타클로스의 정체를 비로소 알게 되었다. 그 길로 안방으로 들어가 엄마와 아빠의 품속에서 산타클로스가 존재하지 않는다는 사실을 확인하며 못내 아쉬워했다.

산타클로스가 없다는 사실은 당시로서는 커다란 아쉬움일 밖에 없었지만, 내 마음 속에 있었던 산타할아버지의 존재는 내게 적지 않은 꿈과 사랑을 심어주었다. 단 한 해도 빠짐없이 나를 위해 예쁜 장난감을 선물하는 멋진 사람이 존재한다는 것, 혹독하고 때로는 삭막한 세상에서 나에게 사랑을 주는 생면부지의 사람이 존재한다는 사실은 이 세상을 너무도 아름답게 느끼게 하였다. 울면 안 된다고 나쁜 짓을 하면 안 된다면서 내가 숨어서 무슨 짓을 하던 "할아버지는 다 알고 계신다."는 어느 캐럴의 가사는 나를 정직하고 진실하게 살도록 이끌어 주었던 것이다. 몽롱하면서 달콤한 환상에 두 눈을 스르르 감고 말면 얻어지는 '사랑의 선물'은 나의 유년시대幼年時代를 아름답게 장식하고 있었다.

하지만 나에게 그러한 꿈과 사랑을 준 12월의 산타클로스는 이제 어디론지 가버렸다. 당신이 누구인지를 알고 난 뒤 몇 해만에 맞는 이 크리스마스에 산타클로스는 나에게 그리움과 더 큰 아쉬움을 남긴 채 떠나버린 것이다. 아버지의 체취와 아버지의 음성이 그립다. 아버지와 함께 찍었던 크리스마스 축제의 사진들이 나를 물끄러미 응시한다. 나의 마음속에는 눈물이 차온다. 과연 아버지의 운명이, 나의 인생이, 그 감격과 기쁨의 웃음을 나에게서 영원히 가지고 갈 만큼 무거운 발자국을 가슴속에 어둡게 드리워야 했다는 말인가. 아버지와 함께 했던 크리스마스의 축제는 이제 한갓 추억으로만 간직하고 살아야 할 것인가. 이제는 다시 돌이킬 수 없다는 냉혹한 말 한마디가 너무도 시리게 내 가슴을 파고들 뿐이다.

곤충의 친구

 평택에서 군 복무를 할 때다. 내가 지내던 방은 숙소의 일층에 있어 편리한 점이 한두 가지가 아니었다. 아침 운동을 위해 새벽같이 일어나는 나에게, 출근을 앞둔 이삼십 분의 여가는 누구도 방해하지 않는 달콤한 아침잠 시간이었다. 출근 시간에 임박해 방을 나선대도 일층에 사는 나는, 계단을 내려가는 시간만큼을 아껴 잠을 더 잘 수 있는 이점을 누렸다. 퇴근할 때도 계단을 올리기는 만큼의 수고를 덜 수 있었다. 난 그렇게 계단을 오르내리지 않고 아껴둔 힘으로 전투화도 손질하고 군복도 다듬었다. 뿐만 아니다. 부대에서 전달 사항을 늘 일층 칠판에 공지하기에, 난 새 소식을 수시로 접할 수 있었다.

헌데, 여름이 되면서 귀찮은 일이 생겼다. 날씨가 습하고 무더워지면서 제멋대로 창궐한 벌레들이 가까운 일층부터 습격하기 시작한 것이다. 추측컨대, 건물 앞 잔디밭에서 부화한 적지 않은 수의 벌레들이 문틈으로 잠입하여 버젓이 기거하는 모양이었다. 처음에는 애완곤충도 키우는데, 그까짓 벌레 몇 마리쯤이야 하며 그냥 두었던 게 그 개체수가 급증하여 급기야 '사람의 방' 아닌 '곤충의 방'에 사람이 붙어사는 꼴이 되고 말았다.

소위 '충우蟲友'라 하여 '곤충과 친구들'이란 앳된 이름의 곤충 애호 단체도 있다는 얘기는 익히 들은 바 있다. 한때 인기를 모은 '서태지와 아이들'이 서태지가 중심이 된 것이듯, '곤충과 친구들'은 분명 곤충이 주가 된 단체임에 틀림없었다. 하지만 파브르도 아니요, 살생유택殺生有擇을 신조로 삼는 신라의 화랑도 아닌 내게, 곤충을 보호하고 아낄 의무는 없었다. 새벽녘 잠자리에서 일어나 침대 아래로 발을 딛었을 때, 무언가 간지러운 느낌으로 전달되는 생명의 움직임이 불을 밝히는 순간 지네나 쥐며느리의 가녀린 발버둥이었다는 것은, 너와 나 모두에게 비극이었다.

그랬다. 우린 그렇게 공존해서는 안 되는 운명이었다. 너희는 밖에서 나는 안에서 살아야 했고, 나는 밖으로 나가도 되지만 너희는 안으로 들어올 수는 없는 것이었다. 생명에서 생명으로 전달되는 기氣를 느끼기에 너희는 너무 미미한 존재였고, 난 스스로 너무 우월했다. 그래서 난 곤충들을 나의 적으로 삼아 척결하기로 했다.

그래 며칠 동안, 겁도 없이 내 방을 종횡무진하는 곤충들을 쭉 살펴보았는데, 실로 다양한 녀석들이 둥지를 틀고 있었다. 바닥엔 어릴 적 이후 10여 년 만에 다시 구경하는 집게벌레를 비롯하여, 다리가 몇 개인지 셀 수 없는 지네, 가까이 가면 다소곳이 걸음을 멈추는 쥐며느리, 나에게 애원하듯 두 다리를 모으는 손가락만한 사마귀, 밤마다 울어대며 암컷을 찾는 귀뚜라미까지 살고 있었다. 이들 중에는 쥐며느리와 같이 차마 곤충이라 부르기 어려운 소위, 절지동물도 있었지만 모두 '벌레'란 넓은 부류에 포함하기로 했다. 공중에는 파리와 모기, 큼직한 나방들이 마음껏 비행하고 있었다. 기기다 천장구석에 집을 짓고 밧줄을 타고 내려와 함부로 땅을 나다니는 거미까지, 그 무리에 섞여 지내던 나 역시 곤충이 된 것만 같았다.

그래도 최대한 신사적인 방식으로 제거하기 위해 나는, 방문의 틈새를 메우고 두 종류의 약을 구해 보이는 대로 뿌리며, 그들이 고요한 죽음의 시간을 맞도록 했다. 가장 맘 아팠던 것은, 암컷이 있을 리 없는 내 방에서 애처롭게 짝을 찾다 시끄럽다는 이유만으로 최후를 맞이한 '귀뚜라미 군君'의 죽음이었다. 나는 새벽 일찍 일어나야 했기에 귀뚜라미 울음은 잠을 청할 때마다 여간 방해가 되지 않았다. 기실 고민을 좀 했다. 짝을 찾기 위해 울어대는 생명의 본능을 정녕 탓할 수는 없었기 때문이었다. 그렇게 임을 기다렸을 귀뚜라미에게 사랑스런 암컷 대신, 나라는 수컷이 주는 죽음의 약이 귀뚜라미 군의 순수한 두 더듬이에 드리워질 게, 군의 입장에서 너무 기막힐 것만 같았다. 귀뚜라미는 연약할 것이었다. 죽이기 위해 굳이 많은 약을 먹이지 않아도 족했고, 죽이기까지 그리 오랜 시간을 기다릴 필요 또한 없었다. 그래서 나는 귀뚜라미만큼은 죽이지 않기로 했다. 하지만, 사경四更까지 구슬피 짝을 찾는 귀뚜라미는 여전히 잠자리를 방해하고 있었다. 날이 밝기 전 난 군君에게 약을 조금만 주었다.

 일주일 내내 보이는 대로 벌레에게 약을 뿌려대자, 나를 봐도 아무렇지도 않게 유유히 걸어 다니던 녀석들이 나를 무서워하기 시작했다. 그 전에는 퇴근을 하고 방에 돌아오면, 으레 나의 입장 따위는 아랑곳하지 않고 묵묵히 제 할 일들을 하고 있었다. 침대 밑에서 서랍장 밑으로 짝을 이뤄 나란히 걸으며 산책을 즐기는가 하면, 말없이 거미집을 짓는 일에나 열중하며 먹이 찾기에만 분주했다. 사람이 우습게 보였는지, 내가 가까이 다가가도 긴장하는 기색이라곤 없었다. 허나, 고 며칠 못살게 굴었더니 언제부터인가 날 보면 재빨리 피하기 시작했다. 한번은 문 쪽으로 의자를 두어 책을 읽고 있었는데, 잠시 외출을 나갔던지 지네 한 마리가 문틈으로 들어오다 날 물끄러미 치어다보더니, 들어왔던 그 구멍으로 다시 나가는 것이었다. 나는 그제야 내가 미처 메우지 못한 틈이 있다는 걸 알았고, 그 지네는 영영 들어올 수 없었다. 그렇게 난 그들과 적이 되고 말았다.

세상엔 특별한 이유도 없이 함께 살 수 없는 경우가 있다. 서로 각자의 본능을 좇아 각자의 삶을 살아갔지만, 그것이 공존할 수 없는 유일한 이유기 되는 것이 우리가 사는 세상인지도 몰랐다. 두 개의 원을 포개어, 포개어진 부분에 열심히 빗금을 치고 "우린 이 안에서만 살아야 하는 거야."라고 용기 있게 말할 수 있어야 했다. 그 영역이

사글세 단칸방이든 웅장한 성城이든, 공존을 바라는 생명들은 그 공간을 넘지 않는 지혜를 터득해야 했다. 아담이 이브가 건넨 사과 한 입을 베어 물지 말아야 했듯, 우리의 삶엔 현상의 유지를 위해 넘어선 안 될 금기禁忌의 공간이 존재했던 것이었다. 어린 시절, 짝꿍과 금을 긋고 사이좋게 나누어 쓰던 오래된 책상에서 난 그걸 발견했고, 청년이 되어 곤충과 공존의 틀을 부수며 그 사실을 확인했다.

생生은 교집합을 찾는 과정이었다. 교집합의 범위가 무한히 넓어 A집합과 B집합이 꼭 하나로 포개어질 수도 있고, 그 공통의 분모를 찾지 못해 A와 B는 영영 다른 개체로 생을 마쳐야 할 수도 있을 것이었다. 그렇게 두 생명은 만나면 서로의 교집합을 찾았고, 계속 만나며 그 영역을 넓혔고, 헤어질 땐 그 자국만을 남긴 채 두 개의 다른 집합으로 분리되었다. 그래서 생이 만남과 이별의 연속이라면, 만남과 이별 사이는 저 교집합을 찾기 위한 노력으로 채워졌다.

한 곳에서 개기일식을 보기 위해 다시 사오 십년을 기다려야 하듯, 그런 만남은 긴 시간 끝에 잉태되는 것이었다. 운이 나쁘면 평생토록 태양과 달의 조우遭遇를 보지 못하듯, 일생을 통해 합당한 인연을 영영 만나지 못할 수도 있는 게 자연의 섭리였다. 더욱이 그렇게 오랜 기다림 끝에 서로 만났다 한들, 그것은 실제로 태양과 달이 포개어져서가 아니라, 단지 태양에 의한 달의 그림자가 그렇게 보였을 뿐이었음이 나를 아프게 했다.

 그 날, 난 그렇게 많은 개체들과 짧은 인연의 끈을 끊었다.

나와 너.
내 안의 내가 너라고 부르는,
그 '또 다른 나' 사이에 벌어지는 이 게임을,
난 삶이라 적는다.

知의 사랑

 너를 썼다 지운다. 이젠 정말 안녕. 이별이 아닌 듯, 이별을 고했다. "또 봐." "으응, 연락 줘." 온 몸에 힘이 빠졌다. 그래, 사랑한다는 건 판도라의 상자를 여는 일. 알지 못했던 서로의 어두운 진실이 속살을 보이는 순간, 우리의 사랑은 언제나 시험대 위에 올랐다.

 가슴으로 하는 게 사랑이라지만, 머리는 종종 그 가슴을 짓누르곤 했다. 사랑에 빠지긴 쉬웠지만 그 사랑을 지키긴 참 어려웠다. 몸이 불편해서, 닫힌 지역색地域色으로, 법의 테두리 그 밖에서 서성이는 가족을 두었기에, 지난 인연들은 내 것이 아니었다. 사랑은 객성客星처럼…. 곁에 왔다 사라지는 한 떨기 꽃이었다.

인간의 사랑은 知의 사랑, 우린 '생각하는 사랑'을 한다. 너와 나, 둘을 제외한 모든 결핍. 그걸 품어주는 기꺼운 마음이 사랑이라면, 우리의 사랑은 온전할 순 없는 것 같다. 학벌에 직업, 타고난 배경까지. 종종 종교를 들먹이고 외모를 호감의 잣대로 삼는 우린, 해맑은 감성을 이성의 울타리 안에 가둔 채 그걸 사랑이라 부른다.

콩알만 한 진심을 서로의 기다림 속에 키우기 시작한 시절부터, 천성天性이 자유로운 감성은 제약을 느끼기 마련이었다. 그렇게 연인을 향한 '불편한 진심'은 그 구속을 이기지 못해 기어이 사랑선 love line을 이탈하곤 했다. 기실, 인간이 지닌 이성의 영역이란 감성이 뛰놀기엔 턱없이 비좁았다. 사랑에도 경제학이 있다면 서로의 효용함수엔 너 아닌 나만 있었다.

사랑하고픈 우린, 언제나 보색補色을 찾는다. 청靑과 홍紅의 어울림처럼, 다르지만 함께 있을 때 더욱 빛나는 두 사람의 결합을…. 헌데 슬픈 건, 대부분은 그런 보색을 만나지 못한다는 사실이었다. 인간은 보색 찾기에 열중했을 뿐 정작 자신의 색깔을 몰랐다. 나의 색깔, 그것도 모르는데 그 보색을 어찌 알까. 빛깔을 알아도 찾을까 말

까한 이 드넓은 세상에서. 그래서 우린 이름 없는 색이었고, 우리의 보색은 슬픈 색이었다.

유약한 감성과 빈약한 이성. 불완전한 인간은 知의 사랑을 한다. 조건 따지고 느낌을 퍽도 중시하는 우린, 연인과 나의 무차별곡선이 하나로 수렴하는 점. 그 포화점에서 결혼이란 걸 한다. 그렇게 만난 X축과 Y축은 보색일 수도, 그 반대일 수도 있었다. 진실한 사랑이든 말든, 그건 별로 중요치 않을 지도 몰랐다.

진심은 오래 두고 볼 일이다. 어머니가 눈물로 진주를 만들듯, 어느 수행 깊은 선사禪師의 외롭고 고단한 밤이 터키색Turquoise 사리를 잉태하듯, 오랜 진심은 핑크빛을 걷어내고 투명한 유리알이 된다.

핑크빛 사랑에 젖어 연인의 맘을 여는 순간, 모든 불행과 모든 행복은 시작된다. 사랑의 묘약, 그 각성의 약효가 다할 때 비로소 판도라의 상자는 열린다. 진실한 사랑은 바로 그 때부터. 깊은 상처를 어루만지고 기갈난 욕구를 채워주는 '그 사람'과 우리는 사랑을 한다. 빠지지 않고.

기다림

 기다림에는 애절함이 깃들어 있다. 그것이 상대의 마음에 피어나면 애틋함이 된다. 저편에서 싹튼 기다림이 내 마음의 애틋함으로 자라면, 기다림과 기다림은 사랑으로 영글어 간다. 행복은 열매를 맺는다. 그래서 기다림은 행복의 씨앗이 된다.

 기다림은 잠적의 시간이다. 마음에 품은 웅지雄志를 목구멍에서 되새김질하는 동안, 기다림은 숙성熟成을 통해 그 깊이를 더한다. 무르익은 포도알이 터지듯, 시간이 지나면 기다림은 알알이 터져 나간다. 그 때 기다림은 통쾌한 반전反轉이 된다. 마치 모든 기다림이 오늘을 위해 존재했던 것처럼, 기다림은 사랑의 텃밭을 간 일등공신이 된다. 그래서 기다림은 노련한 용사勇士의 덕목이 되었다.

그렇게 기다림과 기다림이 만나는 곳에, 행복은 있을 것처럼 보였다. 하지만, 행복은 날개를 달았다. 사랑의 뿌듯함은 이내 품을 떠나 창공으로 솟구친 뒤, 가볍게 부서진다. 공중에 흩어진 행복의 파편은, 다시금 땅에 뿌리를 내려 새로운 기다림을 키운다. 행복은 기다림의 열매였지만, 다시 그 씨앗으로 돌아갔다. 그래서 기다림의 해후邂逅는 언제나 새로운 기다림을 낳았다. 기다림의 일생은 물처럼 순환循環했다.

모든 기다림은 새로운 기다림 앞에서 무의미한 것이었다. 공허함. 기다림의 매력은 그 허무함에 있었다. 인간은 그 허무를 쫓으며 오늘도 기다림 속에 하루를 산다. 그렇게 허무가 허무를 낳고 기다림이 기다림을 낳으며, 기다림은 다른 대상을 찾아 떠나기도 하고 그대로 주저앉아 하루를 하루씩 셈하기도 한다.

기다림은 결코 과거로 향하지 않지만 과거의 땅에 뿌리를 내리고, 그곳에서 추억의 양분을 빨아 먹는다. 기다림은 미래의 태양을 향해 긴 목을 빼어 놓지만, 언제나 현재에 산다. 기다림은 그렇게 멀리 자신의 끝을 향해 달려간다. 그 떨림이 끝나는 곳에서, 생은 소멸한다. 기다릴 사람도 기다려야 할 이유도 없는 곳에 기다림은 자신을 묻고, 다시 피어나지 못할 것이다.

기다림은 생명의 간절한 외침이다.

커피 한 잔의 아침

아침이면 한 잔의 커피가 그립다. 본래 커피를 좋아하는 건 아니었지만, 언제부터인가 난 그 한 잔에 하루의 소망所望을 담게 되었다. 우산을 가져오지 않은 날엔 하루가 산뜻하길 기원하고, 동료들의 숨은 장점을 떠올리며 오늘은 탈 없는 하루가 되길, 잔업殘業 없는 기분 좋은 저녁이 되길, 한 모금의 커피를 넘기며 희망하는 것이다.

홀로 마시는 한 잔엔 여유가 듬뿍 배어있지만, 함께 마시는 잔엔 부드러운 정情이 넘친다. 첫 출근을 한지 얼마 되지 않았을 때, 나의 멘토는 종종 자판기에서 커피 두 잔을 뽑으시곤 내게 이야기를 건넸다. 황급한 일이 아침부터 산적한 날, 함께 일하는 차장님은 커피 한 잔 마시고 자료를 찾아보자 했다. 그리고 아주 가끔씩 내 일은 커피 한 잔과 함께 참 부드럽게 넘어오기도 했다.

애연가愛煙家들이 옹기종기 모인 곳으로 가면, 소곤거리는 소리가 들린다. 담배를 끊었다가 마누라 때문에 다시 피운다는 말부터, 새로 나온 저低타르 담배가 오히려 담배를 많이 피우게 만든다고도 하고, 야근이 없어지면 이걸 끊겠다는 공허한 다짐을 되풀이하기도 한다. 한 손엔 담배, 다른 한 손엔 커피를 든 이들은, 자욱함이 주는 '5분의 행복'을 미지근해진 자판기 커피로 마무리 한다.

국정감사로 회사에서 밤을 지새웠던 지난 해 10월, 뜬 눈에 몽롱한 정신으로 아침을 맞았다. 멍하니 모니터 앞에 앉아 아침 뉴스를 보고 있는데, 함께 일하는 동료가 불쑥 커피 한 잔을 건넸다. 따뜻한 라떼였다. 방금 한 친구를 만났는데, 그 아이가 인편人便으로 내게 이 커피 한 잔을 보낸 것이었다. 입맛이 없어 반 밖에 마시지 못했지만 난 그 정성을 하루 낮, 하루 밤 동안 차마 버리지 못했다.

유럽에선 18세기부터 커피가 유행했다고 한다. 역사의 장章이 제국주의로 접어들 무렵, 식민지로부터 조달된 커피란 음료는 하루 세끼 맥주만 마셔대던 유럽인들에게 퍽 새로운 것이었다. 그래서 음악가 바흐는 '커피 칸타타 Coffee Cantata'까지 작곡하며 이들의 커피사랑을 음악으로 표현하기도 했다. 200여 년 전 보급된 커피가 '새로움'이었다면, 이 시대를 사는 우리에게 커피는 다름 아닌 '여유'일 것이다.

커피 한 잔엔, 마시는 이의 감정이 스며있기도 하고 그의 희원希願이 녹아 있기도 하다. 스타벅스의 슐츠H. Schultz는 한 잔 커피에 그의 '성공'을 담았고, 나폴레옹 1세는 아침마다 마셨던 카페 로열의 푸른 불꽃에 '환상'을 느꼈다. 악성樂聖 베토벤에겐 예순 알의 원두로 끓인 커피가 아침식사의 전부였고, 프랑스의 대문호 발자크 역시 새벽 서너 시쯤이면 어김없이 커피를 타마시며 '영감'을 얻고자 했다. 그런가 하면 클린턴에게 백악관을 물려준 부시G. Bush는 자택自宅으로 돌아온 날 아침 커피 한 잔을 마시며 자신의 달라진 처지를 실감했다고 하고, 슬픈 일이긴 해도 아관파천俄館播遷 때 러시아 공시관에서 커피를 즐겼다던 고종황제는 아마도 힘없는 제왕의 '설움'을 마셨을 것이었다. 무엇보다 열여덟 잔의 커피 속에 '사랑'을 키웠던, 드라마 '커피프린스 1호점'의 한결과

은찬이 그러했듯 연인들에게 커피란, 키스처럼 달콤하다.

　신입행원 연수를 마치고 뿔뿔이 부서로 흩어졌던 우리 동기들은 금세 연수시절이 그리워졌다. 그러면 아침 일찍 삼삼오오 만나 커피를 마셨다. 커피 한 잔의 담소談笑. 지금도 커피 한 모금 머금고 입 안에서 살살 돌리면, 그때가 떠오른다. 대학 시절에도 난 동무들과 커피를 즐겼다. 딸기잼 곁들인 와플을 한 잔의 라떼에 적시며 서로의 앞날을 이야기하곤 했다. 화제는 사랑과 진로, 이 시대와 인생을 넘나들었다. 그래서 커피 한 잔엔 내 젊은 날이 담겼다. 며칠 전, 친구에게 새로 나온 책을 선물했다. 그 자리에도 커피가 있었다. 그가 산 모카커피는 감사의 징표, 내가 산 오렌지쿠키는 덤으로 건넨 마음이었다.

　지구상의 수많은 전통음료들이 각기 독특한 풍미風味를 자랑하지만, 커피만큼 대중적이지 못한 건 커피마니아 중에 영향력 있고 유명한 이들이 많아서인지도 모르겠다. 지난 세월 커피 속에 녹아들어간 갖가지 이미지는 그들의 것이 투영되고 두터워지며 굳어진 건 아니었을까. 이유야 어찌되었건 지친 하루를 사는 내게 커피는 편안한 유혹으로 다가온다.

다시 내일 아침이 기다려진다. 커피를 마시기 위해 출근을 한다면 너무 이상한 이야기일까. 우리 회사 커피숍에서도 오렌지 쿠키를 팔았으면 좋겠다.

달빛

 하늘의 달은 내겐 잡히지 않는 것이었다. 나는 밤마다 뜰로 나가 둥그런 달을 쳐다보는 것으로 만족해야 했다. 만질 수는 없지만 달을 가슴에 품은 듯 맘은 뿌듯했다. 온몸을 밝은 달빛에 내맡기곤 이게 달이 내게 주는 사랑이라 여겼다. 내가 달을 느끼는 방식이었다. 어쩌면 달이란 가져서는 아니 되는 건지도 몰랐다.

 그래도 한번쯤은 저 달을 내 것으로 만들고 싶었다. 달빛을 품을 수 있다면, 밤을 손꼽아 기다리지 않아도 될 것이었다. 하여 나는 달에게 다가갔다. 하지만 올라갈수록 달은 더 먼 곳으로 자리를 옮겼다. 가끔 구름 속에 그 모습을 감추기도 했다. 그럴 때면 멀리서 쬐던 그 빛마저도 누리지 못함이 내 부질없는 욕심 탓이라 자책하고 한숨지었다. 영영 떠난 줄 알았던 달은 밤하늘이 맑은 날이면 어김없이 떴다. 난 수없이 많은 밤을 그렇게 보냈다.

꼭 한 번, 달을 가진 적도 있었다. 작은 달이었다. 내가 다가가자 달도 내게로 왔다. 그리고 난, 달을 가슴에 품었다. 얼마쯤 지난 뒤 달은 나를 떠나고자 했다. 품에 안긴 보석보다 하늘에서 빛나는 달이기를 바랐던 모양이었다. 작은 달에게 나는 미다스가 되어 있었다.

그녀가 내 품 안에서 더욱 빛나는 달이길 나는 진심으로 바랐다. 달이란 결코 품어서는 아니 되는 것이라면, 밤하늘을 치어다보며 달빛 속에 몸을 맡기는 것만으로 행복했을 것이었다. 어쩌면 내가 사랑했던 건 달이 아닌 달빛이었는지도 몰랐다. 그러나 달빛은 달이 없으면 얻을 수 없었다. 내가 달을 사랑한 까닭이었다.

내가 사랑하는 작은 달은 가끔은 구름 속에도 숨는 귀여운 달이었다. 비록 달이 저 하늘에 머무는 것이 나로 인해서가 아닌 내가 선 이 땅을 사랑해서였다 하더라도, 달은 내 몸으로부터의 미미한 인력 때문에 더 멀리 가지 못하는 것이라 믿고 싶었다.

달을 보며 밤을 보내야 하는 것이 나의 운명이라면, 다시 태어날 때 지구가 아닌 달에서 살고 싶다.

큐피트의 화살

 빗나간 화살이 부메랑처럼 돌아와 가슴에 꽂혔다. 온 힘을 기울여 시위를 당겼건만. 허무하게 허공을 가르더니 다시 내게로 돌아왔다. 참 아프다. 전에도 이런 적이 있었는데. 내가 쏜 것이라 더 아프다. 가슴에 박힌 촉을 뽑을 땐 고통스럽다. 잠깐이지만 악이라도 써야 한다.

 젊음이 봄을 타듯, 화살은 바람을 탄다. 얼굴을 스치는 준풍의 방향을 느끼며 "이거다!" 당긴 시위를 놓아보지만, 관중은 쉬운 일이 아니다. 아들 머리 위의 사과를 명중했다는 빌헬름 텔, 그 정신을 모은 한 발이 내겐 아쉽다.

관록이 부족한 탓도 있었다. 쏘기 싫어 화살을 부러뜨린 적도 있었고, 내키지 않는 과녁에는 시위조차 당기지 않았다. 허공 높이 살을 쏘아 대며, 홍심 대신 매를 잡고 싶기도 했다. 마음에 맞는 홍심이 나타나도록 쏘지 않았다. 그렇게 기다림 속에 가슴은 빨갛게 달아올랐다. 내 마음은 홍심이 되었다.

가끔 통쾌한 관중의 순간도 있었다. 홍심을 마음의 중심에 둘 때만 그랬다. 붉은 점을 지긋이 응시하며 정신을 모으면, 주위가 조용해지고 마음의 평온을 찾는다. 그 고요함 속에 화살은 시위를 떠나 어느 새 붉은 점에 꽂혀 가볍게 떨고 있었다. 감격적인 떨림. 그렇게 난 붉은 마음을 명중시켰다. 그 때도 홍심은 나의 마음이었다.

그랬다. 큐피트가 겨냥한 것은 언제나 자신의 빨간 마음이었다. 시위를 내려놓자, 그의 마음은 기다림에 지쳐 붉게 변했고, 힘차게 당길 때도 그의 촉은 결국 그의 마음에 놓인 홍심을 향했다. 그렇게 쏜 화살이, 항상 자신을 향하고 있다는 사실을 까맣게 잊은 채, 바보 같은 큐피트는 한 발 한 발에 일희일비하고 있었다.

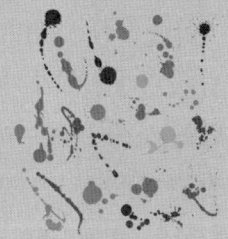

인간은 보색 찾기에 열중했을 뿐
정작 자신의 색깔을 몰랐다.
그래서 우린 이름 없는 색이었고,
우리의 보색은 슬픈 색이었다.

숨은그림찾기

 어린 시절, 아침마다 배달되던 소년 신문에는 숨은 그림 찾기가 있었다. 등교 전 숨은 보물을 찾는 것은 내 일과의 시작이었다. 네모 상자 안 어딘가 숨어있을 그림 속 물건을 하나씩 찾노라면, 어머니 몰래 안방에서 장롱 뒤지는 기분이었다. 뒤집어진 '고무신'을 나뭇가지 속에서 발견하기도 하고, 두툼한 나뭇잎이 '송편'이라 우기는 만화작가의 억지에 분통을 터뜨린 적도 있었다. 그런 식으로 숨은 그림을 모두 찾아야 비로소 옆 장에 실린 학습 문제로 넘어가곤 했다.
 그렇게 꼬박 일 년, 이 놀이가 식상해졌다. 그 작가가 그리는 그림은 거기서 거기. 뭐가 어디쯤 숨어있을지 대충 짐작할 정도가 되자 나는 다른 신문을 구독했다. 허나 다른 작가라고 크게 다르진 않았다. 당시 친구들 사이에서 유행처럼 떠돌았던 소년 잡지들도 사정은 마찬가지였다. 나중에는 시간을 재며 아이들과 시합도 해 보았지만 그마저도 재미가 없자 이후로 다시는 숨은 그림을 찾지 않았다.

그로부터 20년 가까운 세월이 흘렀다. 학교를 졸업하고 사회에 첫 발을 내딛은 후, 난 매일처럼 '타인의 마음'이란 상자 속에서 숨은 그림을 찾는다. 타인의 마음을 읽는 일, 그들의 고충을 헤아리고 행간의 뜻을 짐작하는 일. 협상장에 나아가 상대가 깔아놓은 패牌에 현혹되지 않고 손에 쥔 진짜 패를 읽어내는 밝은 심안心眼을 가지는 건, 상자 속에 숨어있는 보물을 찾아내는 일과 다르지 않기 때문이다. '답이 보이지 않는다.'며 '답이 없는 문제' 운운하면서도 뭔가 산뜻한 방책을 찾기 위해 고심하는 우린, '마음'이란 상자 안에서 숨은 그림을 찾는 방내인方內人일지도 몰랐다.

숨은 그림을 잘 찾는 비결. 그건 '문제 속에 답이 있다.'는 그 놀이의 명경한 원칙을 체득하는 데 있었다.

어린 날을 돌이켜보면 숨은그림찾기가 거듭될수록 만화작가의 그림 숨기는 요령엔 점차 관심이 없어졌던 것 같다. 모든 보물은 주어진 그림 안에 있다는 확신, 그것만이 점점 강해질 뿐이었다. 믿음이 두터워질수록 보물찾기는 한결 수월했다. 국어시험 문제를 풀다 막막해질 때면 본문 속에 답으로 향하는 길이 있다던 어린 시절 선생님의 말씀처럼 사람의 마음을 읽는 일, 아니 생활 속에서 만난 난제들을 푸는 일도 어쩌면 내 삶 속에서 열쇠를 구할 수 있다, 난 그리 여긴다.

그랬다. 진실은 삶 속에 있었다. 그리고 그 진실을 찾는 것은 믿음의 문제였다. 언젠가 숨은 그림을 찾지 못한 적이 있었다. 사랑에 빠져 마냥 행복했던 어느 날, 그녀는 갑자기 내 곁을 훌쩍 떠나버렸다. 깜짝 놀라 그림 속에서 내가 알지 못했던 그녀를 찾아 나섰지만, 모든 게 허사였다. 서로를 향한 믿음이 부족했던 걸까. 숨은 그림은 물론, 원래 있던 그림까지 점점 희미해져갔고 결국 모든 그림은 영영 숨어버렸다.

아무리 다급해도 고요히 마음을 다스릴 때 섬세한 감각은 살아난다. 아는 만큼 보인다지만 보이는 만큼 알게 되는 게, 숨은그림찾기의 묘미였다. 그렇게 한 번 세상을 낯설게 보고 나선, 좀체 되돌릴 수 없었다. 그 눈으로 잔디 속에 뒤집어져 있는 '제기'를 발견하고 셔츠 줄무늬 속 '펜'도 찾아본다. 보다 깊은 눈매를 지니게 되면 우물가 두레박 손잡이에 숨은 '거울'이 보이고, 오늘 하루 만나는 이들의 고단한 '인생'과 배시시 웃지만 입꼬리 그 끝자락에 머문 말 못할 '아픔'까지도 넌지시 읽을 수 있었다. 얼룩진 세상에서 흔들리지 않고 원칙을 지키는 '길'이, 시대를 앞서는 뜻밖의 '선택'이 무엇인지도 알 수 있을 것이었다. 나의 치기어린 유희는 오래 전 끝났지만, 어쩌면 생을 두고 난 숨은 그림을 찾고 또 찾아야 할는지 몰랐다.

개그와 유머 사이

 직장에서 전화를 걸고 받자면, 웃지 못 할 일이 생긴다. 앵무새처럼 "안녕하세요. ○○은행 무슨 부서 아무개입니다."라는 말을 종일토록 반복하다 보니, 이건 직책상의 전화가 아닐 때에도 그만 내 일터의 이름을 내뱉게 된다. 낯선 그 말을 들은 사람들. 그들의 반응은 나만큼이나 당황스럽다.

 사실 뭐 그런 실수쯤은 대수롭지 않다. 일에 푹 파묻혀서 그랬나보다 여길 테니까. 문제는 다른 부서 직원들에게 전화를 걸 때다. 피차 한 지붕 한 가족이거늘, 신경을 조금만 덜 쓰면 망할 이 입버릇이 말썽이다. 그냥 소속 부서에 아무개라는 이름만 말해도 좋을 것을, 굳이 강조할 필요도 없는 'OO은행'에 힘이 들어가 버리고 만다. 그런 나를 두고 저편에선 필시 "쟤가 이태백 세대라서 저러는 것"이라 웃어넘길 일이다.

 그렇다고 그 판에 박은 말을 꼭 입에 달고 사는 것도 아니었다. 언젠가는 이런 일이 있었다. 동료의 추천으로 신용카드라는 걸 장만하게 되었는데, 사무실에서 한참 그 카드를 만지작거리던 중 어디선가 전화가 걸려왔다. 평소 같으면 'OO은행'이란 말이 자동으로 튀어나왔을 텐데, 카드란 녀석에 몰입해있다 수화기를 든 나머지, 그만 카드에 적힌 카드회사의 이름을 읽고 말았다.

 "감사합니다. OO카드… 아, 아니 죄송합니다."

 전화에 얽힌 이런 에피소드가 어찌 나만의 것이겠는가. 자괴감에 빠지기엔 주변에 비슷한 사람들이 적지 않다. 귀엽고 순진무구한 내 동기. 행원인 그녀는 고객에게서 전화가 걸려오자 평소보다 한 옥타브는 높은 발랄하고 깜찍한 목소리로 그걸 받았더란다. 한참을 통화한 후 업체에서 "저, 실롑니다만, OO님 직책은 어찌 되시는지요, 과장님? 대리님?"이란 질문에 "저는요 음… 저는 음… '그냥' OOO입니다."라는 실로 기지 넘치는 대답을 해 주위를 웃음바다로 만들었다는 후문이다. 가정에서 쓰던 컴퓨터가 고장이 나서 서비스센터에 전화를 걸었는데 그쪽 직원이 "실례지만, 거기가 어디냐?"라고 물었을 때 "우리 집인데요."라는 엉뚱한 대답을 했다가 둘 다 웃어버린 일 만큼이나 재치가 넘친다.

전화 뿐 아니라 유머러스한 상대를 만나면 하루가 참 유쾌하다. 요즈음 사람들 입에 자주 오르내리는 '재미'는 실은 그 의미상 '유머'라기보다는 '개그'에 가깝다. 개그는 기지나 위트와 관련이 깊은 말로 쇼의 성격이 퍽 강하다. 개그는 관객을 앉혀놓고 웃겨야 제 맛이라 갖은 방법을 동원할지라도 폭소를 자아내는데 주된 목적이 있다. 하지만 '유머' 속엔 개그에 없는 '공감共感'이란 요소가 있다. 폐허 속에 굶주린 난민들의 사진을 보며 '평화의 필요성'에 공감하고, 낙조落照에 물드는 서쪽하늘을 바라보며 근원 모를 '외로움'에 젖어드는 건, 바로 공감의 힘이다. 억지로 웃기려는 게 아니라 이야기를 듣다보면 자신도 모르게 웃음이 절로 나오는 거. 이게 유머가 주는 매력이다. 그래서 유머가 자아내는 웃음은 홍소哄笑와 폭소爆笑가 아닌 미소微笑와 실소失笑, 기지나 위트가 아닌 해학과 익살의 산물로, 쉬 사라지지 않는 긴 여운과 기품마저 느끼게 한다. 그렇기에 대개의 경우, 젊은이들은 개그에 능할 순 있어도 유머러스하긴 어렵다. 유머는 삶의 경험과 오랜 경륜에서 자연스럽게 묻어나기 때문이다.

펀fun 경영, 펀 마케팅과 같은 말이 생겨났듯, 어느새 기업에서도 '재미'라는 말을 강조하게 되었다. 기업이 제공하는 제품 또는 서비스에 고객들이 좀 더 재미를 느끼게 하기 위해 직접 물건을 만져보고 두드려보는 체험의 기회도 주고, 광고 속에 그들만의 이야기를 담아 들려주기도 하고, 마술과 같은 이색적인 경험을 곁들인 판촉 행사를 열기도 한다. 허나 이 모든 것들은 고객의 감각을 자극하여 소비를 유발시키고자 하는 노력의 일환일 뿐, 안타깝게도 그 기업의 가치에 대한 고객의 공감은 찾아보기 어렵다. 같은 재미라도 쇼에 치중했는지 공감대의 형성에 무게를 두었는지 한 번쯤은 고려해볼 만도 한 대목이다. 봄비에 옷이 촉촉이 젖듯 시장에 있는 고객들의 마음도 그리 적실 수 있다면 좋으련만….

진정한 펀 경영은 어떤 것일까. 아마도 고객들에게 재미를 선사하기 위해 우린 개그와 유머 사이 어디쯤에 있는 그 답을 찾아야 하지 않을까. 쇼 내지는 개그에 지나

치게 치중하다 보면 시선을 모으는 반짝 효과는 있을지 몰라도 그 관심의 지속성에 의문을 품지 않을 수 없고, 반대로 유머가 주는 웃음처럼 공감대의 형성에만 집중하다 보면 시간싸움에서 밀릴 가능성이 높기 때문이다.

 말 한 마디에 천 냥 빚을 갚는다는 옛말이 있지만, 요 말을 살짝 뒤집어 보면 편 경영에선 전화 한 통에 천만 달러를 거둬들일 수도 있겠단 생각이 든다. 재미있는 사람, 재미있는 회사가 더 인기를 모으는 요즈음, 얼굴도 못 보는 전화 통화에서 가끔 재미있고 유쾌한 이가 되는 것도 나쁘지 않을 것 같다. 할 수만 있다면, 상대의 얼굴에 큼직한 웃음을 그려주고 싶다. 개그와 유머, 그 사이의 웃음을….

호두과자

 우리 가족은 이사移徙를 자주 다니는 편이다. 내 기억의 촉수가 아주 어린 시절로 거슬러 올라가 강보에 싸인 범상한 핏덩이를 침대에 누운 산모가 어르고 달랬는데, 그것이 바로 나였더라는 사실을 헤아릴 정도로 길고 섬세하지는 못하나, 견마지치犬馬之齒 서너 살의 나이로 보아서도 제 딴에는 인생에 중요한 전기가 될 만한 사건을 그런대로 기억하고 있는 것을 보면 아무리 '어린 나'이지만 제법 신통한 생각도 든다. 이런 인생의 전기 중에 2~3년마다 한 번씩 돌아오는 우리 집의 '이사'는 기묘하게도 올림픽과 아시안게임이 돌아오듯 주기적으로 돌아오기 마련이었다.

  이사를 자주 다닌다 함에는 필경 '가는 이'들 나름의 이유가 있을 터지만, 내 짧은 경험에 비추어보면 대개 세 가지 중의 하나라는 생각이 든다. 하나는 '맹모삼천지교 孟母三遷之敎'라는 말에서처럼 자녀의 교육을 목적으로 좋은 학군이나 학교 근처로 집을 옮기는 것이요, 다른 하나는 질 높은 삶을 위하여 더 넓고 더 살기 좋은 보금자리로 둥지를 트는 것이요, 이와는 정반대로 가장의 돈벌이가 뜻하지 않은 어려움에 처해 가정의 재산을 줄여 피난을 가듯 홀연히 떠나는 가슴 아픈 경우도 있다. 물론 주거의 목적이 없어도 자산의 가치가 상승할 것을 기대하고 투자가치가 있는 곳으로 거액의 자금을 들여 집을 사두는 사람도 있겠지만, 한낱 자식이라는 자산에 투자하는 것을 생애 최대의 투자로 여기는 가정에서 자란 나로서는 나의 부모님이 그런 투자기회를 잡는 것을 본 적도 없거니와 그로인해 생긴 막대한 불로소득을 상속받을 수 있으리란 막연한 상상소차 하는 것은 아에 그만둔 지 오래다.

  우리 가족이 자주 이사를 하는 데는 필시 방금 지적한 이유들이 시발始發이 되었겠지만, 그렇게 주기적으로 집을 옮기는 것이 습관이 되다보니 이제는 이사를 하고 난 지 2년여가 흐르고 나면 언제 이사를 가게 되는지 은근히 기다려지기도 하는 것이 솔직한 심정이다. 학창시절 친구들을 보면, 태어난 집에서 소싯적을 보내고 입시의 광풍마저 지기地氣로 이겨내며 어느 덧 장성한 청년으로 늠름하게 자란 경우도 적지 않게 있었는데, 그네들은 때가 되면 이사를 기다리는 나를 보며 '유령 같은 사나이'라는 생각을 했을지도 모를 일이다.

하지만, 집안이 패망하여 피난을 가는 것이 아니고 보면 이삿날에만 느낄 수 있는 즐거움이 결코 적지 않다. 이삿날 아침 일찍 짐 나르는 인부들이 신발을 신은 채로 집안을 성큼 성큼 오가며 짐을 옮기고, 마당 밖에는 거대한 용달차 2-3대가 기다리노라면, 점심 무렵에는 그것을 타고 새 집으로 간다는 생각에 어린 나는 들뜨곤 했다. 게다가 평소에는 어머니에게 사정을 해야 먹을 수 있는 중국요리를 이 날만큼은 어머니가 순순히 시켜주시는 것 또한 이삿날이기에 가능한 일이었다. 아직 힘이 부족하다는 이유로 짐이 없어지는지 열심히 감시만 할 뿐인 나에겐 '잔금 처리'와 '소유권의 이전'에 대해서는 개념조차 없었다.

점심 무렵이 되면, 외가로부터 이사를 도와주시기 위해 외할아버지가 오시곤 했다. 아무래도 나 같은 하룻강아지가 짐을 지키는 것 보다야 할아버지가 그 일을 맡으시는 것이 어머니로서도 더 안심이 되었는지 모를 일이지만, 짐을 나르는 몇 십 분의 시간에도 등받이도 없는 플라스틱 의자에 앉아 지팡이로 인부들을 진두지휘하시는 할아버지의 모습은 아직도 선명하다. 어쩌면 이삿날에만 내가 느낄 수 있는 이런 정취는 내가 이사를 기다리는 이유인지도 모른다.

 이렇게 이사를 즐기는 나에게 7년이라는 (나로서는) 장구한 세월을 살았던 집이 있었다. 마당에는 상추를 심고 강아지를 두 마리나 키울 정도의 마당이 있는 집이었다. 마당이 대지를 다 잡아먹은 탓에 20여 년 된 허름한 집이 자라는 나에겐 무척 좁았지만, 그곳에서 나는 초등학교 상급학년을 마치고 중학교를 졸업하여 어엿한 고등학생이 되어 있었다. 외가는 그곳으로부터 그다지 멀지 않은, 걸어서 십오 분 정도의 거리에 있었다. 이 무렵 할아버지는 지금과는 달리 퍽 정정하신 편이어서 매일 아침 마을 앞 불광천로를 산책하시고 오후에는 우리 집에서 차를 마시며 쉬곤 하셨다. 따스한 계절이면 자전거를 타고 골목길을 돌아 달려오시곤 했지만, 추운 겨울이면 한 손에 호두과자를 듬뿍 들고 조심스레 골목을 걸어오시기도 했다.

할아버지가 사오시던 호두과자는 도로변이나 시장에서 갓 구워서 파는 군것질용 간식이었는데, 그 가격이란 노점상이 부르기 나름이지만 고객 유치를 위해 마음대로 값을 비싸게 받지는 못하고 대개 약속이나 한 듯이 백 원에 두어 개 쯤 되는 가격으로 파는 것이 일반적이었다. 그런데 할아버지는 언제나 호두과자를 이삼천 원 어치나 많게는 사천 원어치도 사오시곤 했기 때문에 할아버지의 호두과자는 언제나 푸짐하였다.

추운 겨울 까까머리의 중학생이 기다린다는 것이 고작 '호두과자'였냐고 호통을 친다면 할 말이 있는 것은 아니지만, 이사 온 이유가 무엇 때문이었는지 어렴풋이 느끼기 시작한 나이에 따스한 호두과자는 단순한 군것질 이상의 의미를 지니고 있었다. 사람에 투자하는 것을 가장 우선으로 여기던 부모님의 사랑 못지않게 할아버지가 내 손에 건네는 갓 구운 호두과자의 의미 역시 '나' 라는 범상한 자산에게도 밑천이라면 밑천이었다.

세월이 흘러 그런 할아버지는 다음 달 미수米壽를 맞으

신다. 이제는 거동조차 힘드시기에 호두과자를 사 오실 기력도 없을뿐더러 사오신대도 나 또한 그 때처럼 왕성한 식욕으로 먹을 리 없다. 겨울만 되면 아직도 사라지지 않은 호두과자 노점 곁에 한 노인이 서 있는 것을 보면 그저 무심히 넘길 수 없는 것은 무엇 때문일까.

다카포 칸타빌레

 1990년 로마 콜로세움에서 열렸던 첫 3대 테너 콘서트 The 3 Tenor Concert. 당대 최고 아니, 세기의 거장들로 저마다 콧대가 높았을 세 테너 가수들이 한 자리에 모였던 꿈의 공연. 여기에 이 시대 최고 지휘자 중 한 명으로 손꼽히는 주빈 메타 Mehta, Zubin 가 직접 오케스트라 반주를 맡았으니 이 음악회에 걸었던 클래식 애호가들의 기대는 정말 대단했다.

 걸출한 지휘자의 반주 속에, 환상적인 화음을 선사한 역사적인 공연은 '오, 나의 태양 O Sole Mio'을 끝 곡으로 그 막을 내리고 있었다. 그냥 그 자리를 떠나기엔 너무 아쉬웠을 청중들. "앙코르!"를 연호하는 그들을 향해 메타는 이렇게 외쳤다.

"다 카포 *Da Capo!*"

순간 공연장이 온통 웃음바다로 변했다. 그리고 세 테너들은 다시 O Sole Mio를 열창했다. 다른 화음, 다른 느낌으로. 퍽 단조롭게 여겼던 그 이탈리아 칸초네가 그처럼 다변할 수 있다는 놀라운 사실이 흥미로웠을 소리의 밤이었다. 더욱이 메타의 재치 넘치는 앙코르 연주 소개는 모두에게 잊지 못할 기억이 되었을 게다.

'다 카포 *D.C.*'라는 악상기호는 '처음으로 되돌아가라.'는 뜻을 지녔다. 달력도 여위어가는 11월. 가을이 깊을 대로 깊어 계절의 신神이 겨울의 문턱에서 서성댈 무렵이면, 나는 새해 첫날 첫 느낌을 더듬어본다. 무엇이든 늘 처음과 같다면…. 그 설렘과 그 감격, 그리고 그때의 고마움을 잊지 않는다면, 우리의 삶도 어느 늦가을처럼 그 깊이를 더해갈 것 같다.

단풍이 나무 아닌 거리를 수놓는 이즈음, 보이는 것에 익숙한 이라면 얼핏 생각하기로 올 가을도 이제 끝나간다 그리 여길지 모른다. 허나 가을의 정취는 볼 것 없는 늦은 가을에도 계속된다. 보이는 가을이 아닌 듣는 가을, 그리고 느끼는 가을이 겨울을 재촉하는 것이다.

보이지 않는 가을. 나는 그런 가을을 사랑한다. 가을이 깊어질수록 모든 것은 차례로 익어간다. 처음에는 뒷산의 수려한 단풍과 들녘의 노오란 곡식을 보며 그 무르익음을 '눈'으로 확인하지만, 가을이 좀 더 깊어지면 추풍秋風에 낙엽 구르는 소리와 초저녁 귀또리 울음소리에 '귀'가 유난히 밝아지고, 나목裸木에 매달린 마지막 잎새를 보며 지난 한 해를 반추反芻할 즈음, 비로소 가을은 '가슴'에 젖는다. 그렇게 가을은 빛에서 소리로 다시 마음으로 물들어 간다.

무심히 지나쳤던 자연의 소리가 잘도 들리는 늦가을. 앞이 어두우면 귀가 밝아지듯, 소리 없이 찾아왔던 가을은 비로소 온전한 소리로 우리 곁에 머문다. 해서 가을은 음악의 계절일 수도 있다. 음音을 찾아 자연 속으로 산책을 나서고, 오랫동안 듣지 않았던 음반을 다시 꺼내 들으며 악樂을 즐기기도 하는 것이다. 그렇게 우린 추녀秋女가, 또한 추남秋男이 된다. 가을 한 아름 가슴에 품고.

'우리를 슬프게 하는 것들'이란 수필로 널리 알려진

독일작가 안톤 슈낙Schnack, Anton은, 정원모퉁이에서 발견한 작은 새의 시체 위로 초가을의 다사로운 햇살이 떨어질 때 가을은 참 슬프다고 적은 바 있다. 이 농익은 감성은, 사랑하는 사람을 차디찬 땅, 그 속에 묻고 온 그 날 오후에도 햇살은 여전히 능청스럽게 대지를 비추고 그 없이도 세상은 참 잘만 돌아간다는 사실을 문득 깨달은 이에게만 찾아오는, 먼 곳으로부터의 아득한 슬픔이다. 이런 낭만과 서정을 조금이나마 공감하게 된 것 역시 제법 늦은 어느 가을날이었다.

그래. 더 늦은 가을은 이제, 소리에서 다시 마음으로 찾아들 것이다. 작년에 그랬듯. 그렇게 맘속에 깃든 가을날, 우리는 잠시 멈춰 서서 바삐 달려온 한해를 되돌아보게 되리라. 남은 한 해, 즐겁게 다시 한 번 처음부터 연주해 봄은 어떨까. 그때 세 테너가 그랬듯. 조금은 다른 느낌으로. 다섯 가지의 감관感官으로 온전하게 느끼는 가을. 난 나의 가을에, 또한 너의 이 가을에 재미난 악상기호 하나 붙여 보고 싶다. 처음으로 돌아가서 즐겁게 *Da Capo Cantabile*.

D. C.

책 읽는 마을

서책書册에는 실로 여러 맛이 있다. 사는 맛, 빌리는 맛, 들고 다니는 맛에 가끔 베고 자는 맛까지…. 책의 용도가 꼭 읽는 데만 있는 건 아니라는 우스갯소리에 고개를 끄덕이게 되는 소이所以는 바로 여기에 있다.

모르긴 해도 책에는 분명 '장식물'로서의 멋이 있다. 대학생들의 손에 들린 원서原書가 가방 속에 있지 않음은 반드시 그 커다란 부피 때문만은 아닐 것이다. 어떤 명사名士의 서재를 소개할 때, 그 학식을 상징하는 아우라aura처럼 등장하는 건 방대한 서책을 힘겹게 이고 있는 서가書架 아니던가. 실은 담소가 주된 목적인 카페에 소품처럼 진열된 서적들이야 말로, 책이 꼭 읽기위해 있는 건 아니라는 발상의 전환을 보여준 둘도 없는 사례라 평소부터 생각해 온 바다.

이렇듯 볼품에 충실한 요사이 풍조와는 사뭇 다른 삶을 살았던 이가 있는데, 다름 아닌 작고한 수필 작가 금아琴兒 선생이다. 그의 서재를 방영했던 한 TV 프로그램. 노작가가 소장하고 있던 서적은 책꽂이 서너 줄이 고작. 참신하고 아름다운 언어로 독자들의 마음을 사로잡던 큰 작가의 서재가 그리 단출하고 소박하다는 데 적잖이 놀랐던 그때의 기억이 새롭다. 작은 도서관에 비견될 만큼 많은 책을 보기 좋게 진열해 놓고, 손님이 올라치면 그 자랑에 여념이 없는 오늘날 우리에게 그 작은 책꽂이 하나가 시사하는 바는 결코 작지 않을 것이었다.

기실, 서책에는 '두고 읽는 맛' 이란 게 있다. 어린 시절 읽었던 책을 다시 볼 때의 느낌은 비슷하면서도 또한 다르다. 그건 읽는 이가 처한 상황이 그때와 다르고, 그이의 말간 지성이 그때와 또 다르고, 독자의 여문 감성이 결코 전과 같을 수는 없기 때문이다. 그렇게 세대를 뛰어넘고 나아가 수세기에 걸쳐 여러 문화권에서 두루 읽히는 서책은 '고전古典'으로 불리게 마련. 읽을 때마다 느낌이 새롭고 건질 게 많은 보배 같은 작품은, 오랜 세월 검증의 과정을 거치며 고전이 지녀야 할 가장 중요한 덕목인 '보편성'을 획득하게 된다. 우리가 이야기하는 '두고 읽는 맛'은 이 보편성의 다른 이름인 셈이다.

 한국 수필을 이야기할 때 빠질 수 없는 또 한명의 수필 작가인 동매실주인桐梅室主人 윤오영 선생은, 이 '두고 읽는' 것을 양잠養蠶에 빗댄 적이 있다. 누에가 뽕잎을 열심히 먹으면 체내에 지방질이 축적되어 피부가 윤택해지는데, 이때부터 그 왕성했던 식욕이 감퇴되면서 실을 토해내고 한 잠 자게 되는데 이를 일령一齡이라 부른단다. 그러다 일어나 한참 뽕을 먹다 다시 한 잠을 자는데 이게 이령二齡이다. 이런 일을 반복해서 오령五齡에 이르면 비로소 누에는 고치를 짓고 그 속에 들어앉게 된다. 일가一家를 이루어 경지에 오른 셈이다. 충분한 독서는 비단 양적인 측면만을 이야기하는 건 아닐 것이다. 누에가 다섯 번 잠을 자는 것은 독서로 치면 책 속의 내용을 숙성시키고 체화하는 과정을 이르는 게다. 다섯 번 잠을 자기 전 왕성히 뽕을 먹는 것은 열을 다해 서책을 읽는 일을 말함이리라. 결국 윤오영 선생에 따르면, 독서기期는 오五회 정도로 글의 내용을 오랜 시간 동안 두고 읽는 것이 바람직한 것 같다. 마치 누룩을 발효시키듯 말이다.

직장생활을 처음 시작하면서, 내가 다니는 직장에 퍽 맘에 드는 도서관이 있다는 사실에 뿌듯했던 적이 있다. 볼만한 책도 많고 보고 싶은 책도 자율적으로 신청할 수 있는 그곳에는, 제법 오래 전에 출간된 책들도 꽤 있었다. 내 친한 동료는 사내 도서관에서 오래된 책들을 큼큼거리며 읽는 것이 직장생활의 기쁨이라고도 했다. '책이 익었다'는 말을 아는 친구였다. 나 역시 서점이 아닌 도서관으로 발길이 향할 때는, 수년 아니 수십 년 전 출간된 책에 묻은 손때와 그 오랜 종이냄새가 그리워서다. 아무리 IT기술이 발달한대도, 책을 사랑하는 이들에게는 e-book 같은 건 그리 큰 인기를 끌지는 못할 것이라 확신하는 연유 또한 다르지 않다.

볕이 따가운 가을은 책을 거풍擧風하기에도 안성맞춤인 계절 아닌가. 올 가을에는 책꽂이 위에 쌓인 먼지를 털어내 봄은 어떠할까. 한때 큰마음 먹고 산 전집全集을 차곡차곡 정리도 해보고 어린이 이빨 빠지듯 사라진 책 수삼권도 집안 어디에선가 다시 찾아 끼워 넣어보자. 책에 습기가 차면 아니 되므로 햇살과 바람, 달빛과 별빛 잘 드는 창틀에 펼쳐 놓자. 그리고는 오래 전 읽은 책 한 권만 골라 다시 그 때로 돌아가는 거다. 그러면 책은 그냥 책이 아닌 비기秘記가 될 것이다. 둔탁한 종이는 '맑은 거울'이 되어 읽는 이의 어제와 오늘을 고스란히 비춰줄 것이다. 가능하면, 가능하면 말이다. 올 가을 우리가 사는 이곳이 책 읽는 마을, 아니 '책 익는 마을'이 되었으면 좋겠다.

성묘

아버지의 고향은 '고진'이라는 곳이다. 지도상으로는 전남 여천군 화양면 용주리로 나와 있는데, 이것은 어디까지나 내가 아버지로부터 들었던 그 고장의 옛 이름일 따름이지 현재의 명칭은 아닐지도 모른다. 행정 단위가 새로이 승격되었든, 마을에 새 이름이 붙여졌든 나는 입버릇처럼 내가 외우고 있는 '고진' 마을의 행정 구역상의 옛 정식 명칭을 고스란히 기억해두고 싶다.

이곳은 바다를 접하고 있는 농촌 마을로 어릴 적의 기억으로는 그냥 궁벽한 시골 마을로 불러도 좋을 곳이었다. 기차역에서 내려 택시를 잡아타고 마을 입구에 들어서면 자욱한 흙먼지가 시야를 가리고, 창문을 열면 여기 저기서 풀벌레 소리와 함께 쇠똥 냄새가 나의 인상을 찌푸리게 한다. 쪽빛하늘과 맞닿아 있는 황금빛 논이 그다지 넓은 편은 아니지만, 주변의 야트막한 야산과 함께 한 한 폭의 그림은 항시 우리 가족사진의 배경이 되곤 했다. 점심을 머리에 이고 논두렁을 오가는 아주머니들의 모습이나 두 팔의 소매를 걷어 올리고 다 헤어져 가는 밀짚모자를 쓴 아저씨들의 모습이 제법 시골 분위기를 자아낸다. 그 분들의 노랫소리와 함께 벼들은 차례차례 들판에 눕고 남은 벼들 사이로 제법 강한 바람이 휘몰아치면 황금빛 물결이 제법 가슴을 친다. 태어나서 줄곧 도시에서만 자랐고, 친가와 외가 모두 서울에 있었기 때문에 나의 친척 중 누군가가 이런 시골에 살고 있다는 사실은 초등학교 3학년인 나에게는 무척 놀라운 일이었다.

아버지와의 그리운 추억은 이곳에 계시는 나의 선조들에 대한 성묘로부터 시작된다. 아버지는 우리 형제를 데리고 여러 차례나 이곳을 방문하셨는데, 십여 차례 가까운 고향 방문 길에도 단 한 번도 빠짐없이 증조부모님과 고조부모님의 산소에 성묘를 드리셨다. 우리들이 중고등학교에 진학한 이후에 우리들의 중간 고사 등으로 고진에 못 오실 것 같으면 여름 휴가를 이 부근으로 잡아 뜨거운 햇볕도 마다하지 않고 산소를 둘러보곤 하셨다.

우리의 성묘 길엔 거의 언제나 그곳에 살고 계시는 5촌 당숙께서 길을 안내해 주시곤 했는데 당숙께서 과수원에서 나는 수박이며 사과나무도 보여주시고 때때로 큼직한 참외도 우리들의 손에 쥐어주시는 모습이 퍽 정답게 느껴지기도 했다. 길을 걷다가 이곳이 너의 아버지가 어릴 적에 동네의 아무개를 신발짝으로 혼찌검을 낸 유서 깊은 장소라는 얘기를 할 때면 우리 가족은 배꼽을 쥐기도 했다.

우리의 성묘 길에 항상 걱정스러웠던 점은 산행 길에 상존하는 뱀의 출현에 대한 것이었다. 아버지는 그것을 빌미로 담배를 연달아 피우시며 어머니를 약 올리기도 하셨는데, 우리도 덩달아 담배를 배우겠다며 어머니를 놀린 일도 있다. 이렇게 우리 가족 사이에 담배를 둘러싼 소동이 벌어진 것은 주로 고조부의 산소를 찾을 때였다. 어른들의 말씀을 듣기로 고조부가 누워계시는 곳이 명당이라고 하시며 우리 가문에 좋은 일이 생길 것이라고 하셨는데, 아버지는 늘 그곳에 우리를 데리고 가시곤 했다.

나는 항상 조상들의 묘소를 둘러보면서 여기에 잠들어

계시는 분들은 '이십 세기의 사람들'이라고 생각해보곤 했다. 나의 선조들의 주 무대가 그러했다고 생각했기 때문이다. 그러면서 이 묘소를 둘러보는 우리 형제는 다음 세기를 위해 뛸 것이고, 우리를 안내하는 아버지 또한 다음 세기에 당신의 화려한 결실을 맺을 것임을 믿어 의심치 않았다. 그런 의미에서 아버지와 우리는 '이십 일 세기의 사람들'이라고 생각했던 것이다. 하지만 새로운 시대를 2년도 남기지 않은 지금, 나의 아버지는 이십 세기의 사람 가운데 하나로 남고 말았다. 인생의 성공과 행복을 눈앞에 둔 채 너무나도 짧게 생을 마감하셨다는 사실이 나를 안타깝게 할 뿐이다.

얼마 전 있었던 아버지의 49제, 우리 가족은 성당에서 미사를 올리고 아버지의 묘소를 찾았다. 우리와 함께 성묘를 다니시던 그 분이 이제는 내가 성묘해야할 선조 가운데 하나가 되었다는 사실이 마음 아팠다. 우리가 고진의 성묘 길에 조부모님들의 묘소에서 장난을 치면 아버지는 할아버지 할머니가 서운해하시겠다며 우리를 야단치신 적이 있었는데, 내가 아버지의 묘소에서 나이에 걸맞지 않는 재롱이라도 부려본다면 아버지의 육성을 들을 수 있는 것일까? 우리가 조상들의 묘의 머릿자리에 서

있으면 할아버지, 할머니가 화내실 지도 모른다고 하셨는데, 내가 아버지의 묘소에서 그렇게라도 한다면 아버지의 모습을 볼 수 있는 것일까?

이즈음 나는 미당의 귀촉도가 자꾸만 떠오른다. 산 사람이라면 아무도 알지 못하는 그 길을 향해 무섭게도 홀로 떠나야했던 님에게 자신의 흑단 같은 머리털로 미투리를 엮어드리지 못한 죄스러움이, 아버지의 병상에서의 고통도 잘 헤아리지 못한 나의 그것과 어찌 비견되지 않겠는가.

이제 나는 누구와 함께 아버지의 고향을 밟아야 할까? 그렇게도 맑은 공기와 그대로일 아름다운 산천 앞에서 나는 삶의 무상감을 느껴야 할 것이다. '산은 옛 산이로되 물은 옛 물이 아니요, 인걸이 물과 같아야 가고 아니 오노매라'던 황진이의 시조가 오늘따라 더욱 가슴에 와 닿는다.

진실은 삶 속에 있었다.
그리고 그 진실을 찾는 것은
믿음의 문제였다.

악마와 천사

 어린 시절, 마음에는 두 개의 방이 있었다. 한 방에는 악마가, 다른 한 방에는 천사가 살았다. 두 개의 뿔을 가진 악마는 붉은 안감을 받친 검은 외투로 그 흉측함을 가린 채, 마법의 약을 만들며 하루를 살았다. 두 개의 날개를 단 천사는 빛나는 금별이 달린 지팡이를 뽐내며, 자신의 방 곳곳에 사뿐히 내려앉았다.

 그렇게 '마음의 방'에 마주한 두 세력은 선택의 순간마다 자웅雌雄을 겨루었고, 항상 천사의 뜻을 따르진 않아도 나의 행동은 언제나 천사의 것이 되었다. 어쩌면 '악과 선'은 인간이 걸치는 옷일 수도 있었고, 인간이 인간에게 씌우는 멍에일 수도 있었다.

우리네 삶도 그랬다. 악이 선이 되고 선이 악이 됨을 반복하면서 역사는 흘렀고, 그 대립의 순간마다 천사가 승자는 아니었지만 승자는 언제나 천사가 되었다. 그렇게 사람들은 '너非我'와 '나我'의 경계에서 갈등하며, 오직 내가 선이길 바랐을 것이었다.

하지만 현대인은 또 달랐다. 그들은 자신이 아닌 것을 자신으로 여겼다. 어떤 의미에서 우린 모두 승자였다. 그래서 세상은 각자의 천사들이 사는 천국이 되었고, 고쳐서라도 멋진 외모를 가지고 싶은 인간은 '천사의 옷'을 입어 스스로 천사가 되었다. 양반의 공명첩空名帖처럼 공장의 기성품처럼, 천사마저 양산量産하는 현대 사회. 이곳의 천사는, 잘난 배경을 가진 유능한 존재였고 속마음은 다를지라도 깔끔한 매너로 꾸민 신사와 숙녀였다. 존재의 외연外緣이 내면으로 여겨지는 세상에서는 그런 옷을 입으면, 그만이었다.

그러는 사이, 악마는 그만 세상의 주목을 받지 못하는 외로운 존재로 전락했다. 영혼을 미끼삼아 큰소리치던 메피스토펠레스도 그 검붉은 외투를 벗어던진 채, 부끄러운 나체를 세상이 만든 그늘 아래 숨기고 있을 것이었다. 천사의 옷을 구하지 못한 사람은 세간世間의 눈길을 끌지 못해 세상의 변두리에 머물러 있었다.

악마와 천사, 그것은 그저 이름뿐이었다. 현대인이 만든 악함과 선함은 투박함과 화려함, 어수룩함과 영악함, 순수함과 교활함…, 궁극적으로는 솔직함과 가식假飾의 다른 이름일지도 몰랐다. 사람들은 단순성에 배인 결연함을 읽지 못한 채, 무디어짐 속에 숨은 순수함의 가치를 몰랐다. 꾸밀 줄 모르던 바보는 그 미숙함으로 인해 세상의 부름을 받지 못했고, 방외인方外人으로 전락한 그는 사회적 패자가 되어 악마로 불렸다.

완전해지고 싶은 현대인은 부족함을 싫어한다. 그러나 인간은 오히려 부족하기에 위대해질 수 있는 건 아닐까. 자신의 한계를 딛고 찬란한 오늘을 열었기에 사람은 특별한 존재로 이 땅에 남았던 것 같다. 더욱이 마음엔 하나의 방이 존재할 뿐, 그건 악마의 것도 천사의 것도 아니었다. 죽음이 있기에 삶이 아름답고, 어둠이 있을 때 비로소 빛이 그 의미를 가지듯, '진정한 선' 역시 악과 공존共存하는 것이었다. 우리가 생각하는 악惡, 그건 어쩌면 선善의 다른 이름일 수도 있었다.

아담의 후예인 우리에겐, 순진한 악마와 교활한 천사를 구분하는 또 다른 선악과善惡果가 필요할지 모를 일이다.

지도 없는 여행

얼마 전 오랜만에 만난 친구가 자랑스럽게 내민 건, 그의 여름휴가 계획이었다. 빼곡히 적은 일정표에는 1주일간의 해외여행 계획이 고스란히 담겨 있었다. 몇 날 몇 시 모某처에서 무얼 먹을 것까지…. 그 계획이 어찌나 자세하던지 끼니거리도 빠짐없이 기록되어 있었다. 그의 주도면밀함에 미칠 수는 없겠지만, 나 역시 그런 여행을 준비한 적이 있었다.

초등학생이었던 어느 여름, 난 아버지의 휴가를 앞두고 바캉스 계획을 세우기에 여념이 없었다. 이번 여행은 어디로 갈 것이며, 가서 언제 무얼 어찌할 것인지 빡빡한 일정표를 만들어 퇴근길의 아버지 앞에 내밀었다. 그걸 들고 아무 말씀 없이 웃고 계시던 아버지는, 그저 첫 목적지만을 정한 채 가족여행을 떠나셨다. 지도 한 권만을 달랑 든 채로.

그렇게 모험처럼 떠난 여행에는 묘한 두근거림이 있었다. 매일 밤, 저녁 식사를 하고 나면 우리 가족은 아버지와 지도 주위에 빙 둘러앉아 다음 날 여정에 대해 함께 고민했다. 지도를 보며 주변명승지를 찾아내기도 하고, 그곳으로 가기 위한 최단경로를 궁구하기도 하면서, 가는 도중 무얼 어찌할지 궁리하고 또 궁리하다 잠이 들었다.

동이 트면 우린 새로 길을 떠났지만, 그 여정이란 언제든 바뀔 수 있었다. 바람이 닿는 곳으로 발길을 옮기기도 하고, 길 가다 지도에도 없던 고인돌을 멀리서라도 볼라치면 그곳으로 걸음을 옮기기도 하고, 장터를 지나다 신기한 물건이며 구수한 냄새를 만나게 되면 이것저것 만져보고 허기진 배를 채우기도 했다. 여념이 없었다. 옛 시인이 머물다 간 곳이라던 소나무 그늘 아래 몸을 뉘었다 우연히 만난 이에게 길이라도 물어볼까 말을 건 것이 이런저런 이야기에 빠져 시간가는 줄도 모르시던 아버지. 그런 아버지를 재촉하다 서산으로 뉘엿뉘엿 넘어가는 저녁 해의 장관을 보며 빨간 노을에 가슴이 물들기도 하였다. 딱히 정해진 행선지가 없었기에 서두를 이유 또한 전혀 없었다.

아버지와의 여행에는 빽빽한 일정표 따윈 필요 없었다. 여행의 참맛은 어쩌면, 하이얀 백지에 그 일정을 시나브로 채워가는 데 있는지도 몰랐다. 오늘은 무슨 일이 날 기다리고 있을까, 내일은 어떤 이들을 만나게 될까, 만일 갈림길 앞에 서게 되면 과연 어느 쪽 길로 접어들어야 할까. 마치 미로 속을 거니는 기분으로 탐험에 나섰던 어린 난, 그 이후 여행을 떠나기 전 일정에 대해 심각하게 고민한 적은 없었던 걸로 기억한다.

인생이란 여정도 어쩌면 그런 것 같다. 어릴 적 품었던 꿈처럼 쉬 살아가는 사람은 아무도 없다. 짧지만 지난날을 돌이켜 보면 계획대로 되는 일은 그리 많지 않았다. 그토록 바랬지만 취하지 못한 일도 있었고, 그다지 소원한 적도 없건만 손에 절로 쥐어진 행운도 있었다. 세운 뜻을 결국 이루고야말았던 그림 같은 순간도 물론 있었겠지만, 그 결과를 위한 여정은 결코 처음 계획한 대로일 리 만무했다. 그래서 생을 극적이라 하는 지도 몰랐다. 어릴 적 아버지와의 여행은 살아가면서 예기치 못한 사건들을 만났던 순간순간 머릿속을 맴돌곤 했다. 처한 상황에 맞게 목표를 수정할 줄도 알아야 한다는 걸 일러주는 듯, 첫 목적지만을 적은 백지 한 장을 품고 떠나는 여행은 '작은 인생'과 다르지 않았다.

우리는 세밀한 분석과 오차 없는 예측, 누수 없는 하루를 위해 무던히도 노력한다. 유행과 첨단을 재빨리 좇아야만 남보다 뒤떨어지지 않고 살 수 있다는 강박 속에, 너무 많은 것을 잃고 사는 건 아닐까. 그렇게 마음의 여유餘裕를 잃은 채 생활의 유여有餘를 희구하는 현대인의 가슴에는 빛바랜 감성만이 느낌 없는 매일을 살고 있다. 물론 그리 해야 할 일도 있겠지만, 휴가를 가면서까지 여행을 떠나면서까지 그럴 필요는 없을 것 같다.

바쁘게 일 년을 살다 또다시 여름이 돌아오면 어린 시절 그 모험 같던 여행을 떠올려 본다. 손에 들렸던 백지의 여행 계획표에 담긴 삶의 여백餘白, 그 의미를 되새겨 보는 것이다..

올 여름엔 바람에 몸을 싣고 흐르는 빗줄기에 마음을 적신 채, 가볍게 어디론가 훌쩍 떠나보고 싶다. 아니다. 아예 그 지도조차 두고 떠나고 싶다.

진품 스승님

　스승님의 호된 꾸지람이 들렸다. "거기 잡담하는 녀석들, 당장 뒤로 나갓!" 딴 생각에 빠져있던 내 정신이 번쩍 들었다. 고개를 갸웃, 개구쟁이 두 친구가 긴장된 표정으로 뒤로 나가고 있었다. 무서운 얼굴을 한 스승님은 득달같이 교실 뒤편으로 달려가셨다. 아이들을 구석으로 몰아세운 채, 그 주변을 맴도셨다. "선생님…." 아이들의 목소리가 잦아들었다. 한참을 노려보던 스승님은 갑자기 이런 말을 하셨다. "들어들 가. 우리 역사가 니들 어깨에 달렸어." 교정에서 꺾은 가냘픈 나뭇가지를 든 채….
　문 선생님은 전교에서 소문난 비호감非好感 역사 교사

였다. 일그러진 얼굴에 초점이 사라진 눈빛, 복도에서 인사를 드려도 잘 받아주지도 않고 뭐라 말씀드리면 소리부터 꽥지르는, 스스로도 자신을 '나'라 불렀을 뿐 '선생'이라든가 '너희들의 스승'이라 칭한 바 없으며 우리 또한 내심 그리 여기지 않던 분이었다. 수업 방식 또한 독특하기 그지없어, 수업이라곤 종 치고 달랑 10분만 하시기 일쑤. 원래 공부란 스스로 하는 것이기에, 그저 교과서 줄기차게 읽고 역사부도 틈나는 대로 보고 연표를 달달 외울 정도로 학습하면, 안광眼光이 지배紙背를 철撤하여 득도할 것이라 하셨다.

아니나 다를까, 문 선생님은 자신의 소신을 실천이라도 하시는 듯 중간고사 시험 문제의 절반 이상을 연표에서 내셨다. 사건의 연도를 주관식으로 써야 하는 문제부터 거꾸로 연도를 알려주고 그 해에 무슨 일이 있었냐는 등, 중간고사의 전교 평균은 30점을 밑돌았다. 것도 후하게 준 거라 했다. 시험이 끝나시곤 선생님은 "얌마, 우리 역사가 니들한테 달렸는데… 점수가 영…."

절치부심切齒腐心. 남은 반 학기 동안 우리들 수업 태도는 딴 판이었다. 남은 40분 동안 너나없이 질문을 해대기 바빴다. 아이들이 교탁 주위에 줄을 섰다. 힐끗 보시던 문 선생님은 "야, 다들 앉아 봐. 자식들. 목 아파서 한 번만 얘기 할 테니까 잘 들어 봐." 하시곤 질문들을 묶어 재미난 이야기까지 곁들였다. 기말고사 전 마지막 시간, 선생님은 "이번에 쉬운 문제 몇 개 냈어. 니네들 대학은 가야 하잖어! 방학들 잘 보내."하고 나가셨다. 기말고사엔 애교처럼 우리나라의 국보 1호를 묻는 문제도 하나 있었다. 얼마 후, 우리는 문 선생님의 부음訃音을 들었다. 겨울 산에 올랐다 거친 날씨를 만나 산정에서 깜박 잠이 드셨던 모양이다.

요새는 명품名品의 시대란다. 요 단어를 국어사전에서 찾아볼라치면, "뛰어나거나 이름난 물건 또는 작품"으로 풀이하고 있다. 어릴 적에는 '명품'이라 하면 으레 시대의 한계를 뛰어넘어 길이 남을 예술작품이나 문화재를 가리키는 말이었는데, 요사이엔 그 의미가 다소 변한 듯하다. 꼭 예술성에 국한되지 않고 화려하거나 뛰어난 것을 두고 명품이라 이름 붙이는 게 대세니 말이다. 아니, 아예 도가 지나쳐 특별해보이고 싶으면 '명名' 자를 꼭 붙여준다.

몇 년 전 미국서 열렸던 월드베이스볼 클래식에서 우리 수비수의 멋진 포구장면을 두고, 언론은 '명품수비'

라는 찬사를 보냈다. 최근 화제인 우리나라 수영선수와 피겨스케이팅 선수의 주특기를 두고, '명품영법'이니 '명품점프'란 단어까지 회자되었다. 선거철이 되자 '명품대통령'이 필요하다고도 하고, 민주주의 발전을 위해 '명품유권자'에 '명품의원'이 절실하다는 말까지 등장했다. 거리엔 '명품가방'을 든 이들로 넘치고, 문단으로 가봐도 문학적 가치를 가늠키조차 힘든 '명수필'에 '명시', '명소설'이 홍수를 이루는 이 나라. 이 나라는 과연 명품일까?

기실 이런 현상이 빚어진 것은, '속'보다는 겉, '소박함'보다는 화려함, '순진함'보다 노련함에 더 무게를 두는 우리네 삶의 습관, 더 나아가 순수한 사람은 이제 거의 찾아보기 힘들다는 우리의 헛된 믿음에 기인한다. 치열한 경쟁 속에서 당연한 실수, 떳떳한 패배에조차 각박한 일그러진 풍조까지 더해 주변에는 명품 아닌 '짝퉁'이 넘쳐나고 있다. 지식인들은 이제 명품보단 '진품眞品'을 감정하기 위해 몰두해있다.

그럴수록 난 초라한 차림으로 가녀린 나뭇가지를 들고 계시던 그 스승님이 떠오른다. 대단한 카리스마를 가진 Teaching school의 명강사였던 적도 없고, 스스로를

'스승'이라 칭한 바 없으며, 그런 존경조차 받아본 적도 받기를 기대한 적도 없을, 그저 제자들 어깨에 우리 역사를 올려놓은 채 겨울 산에서 조용히 잠드신 문 선생님이야말로 이 시대가 그토록 찾던 스승은 아니었을까.

높은 취업문턱을 넘기 위해 한참 분주하던 몇 해 전 가을, 난 그런 것을 느꼈다. 어쩌면 면접관들은 명품이 아닌 진품을 찾고 있을 것이라고. 엇비슷한 학점에 영어점수, 너도나도 다녀온 비싼 어학연수에 인턴십, 열의가 불확실한 동아리 활동까지, 너도나도 명품이라 바글대는 많은 지원자들 중에 진품에 더 가까운 이들은 누구였을까. 아마 여기에 면접관들의 고민이 있었을 것이었다.

직장생활을 앞두고, 내게도 그런 비슷한 고민 하나가 있었다. 직장에서 과연 좋은 스승님을 만날 수 있을까. 공정치 않은 힘으로부터 후생後生을 지켜주고 품은 뜻을 곧게 이어갈 수 있도록 호된 꾸지람과 따뜻한 시선을 잃지 않는 스승. 길이 아니면 가지 않는 그 큰 행보가 결국 가장 큰 이문을 내는 길임을 아는 스승, 때로는 후생으로부터 배우기도 한다는 겸손의 미덕을 갖춘 스승을 만나고 싶었다. 어쩌면 그런 스승을 만난 것도 같다.

김 한 장과 어묵 한 개

"야, 반찬이 다 떨어졌네. 신병 뭐하나?"

또다시 나에 대한 질책이 들려왔다. 전입한 지 한 달 정도 지난 어느 날, 부대 안 한식당에서 선임들과 식사를 하고 있을 때였다. 난 훈련소에서 갓 배출된 병사 이른바, '신병'이었기에 모든 행동에 제약을 받았다. 물건도 새 것을 사면 길을 들여야 하듯, 병사들도 새 것이면 길을 들이는 모양이었다. 전입한 지 열흘 동안은 홀로 부대를 돌아다니는 것이 금지되었고, 함부로 웃는 것도 눈치가 보였다. 갖은 잡역에 사람이 필요할 때는 언제나 솔선수범해야 하고, 아침 운동을 할 때는 가장 우렁찬 목소리로 '하나, 둘, 셋'을 반복했다. 나의 군복은 언제나 빳빳하게 다려져, 빛나는 군화와 함께 나의 군기를 평가하는 잣대가 되었다.

새로운 사회가 내게 요구하는 것은 여기서 끝나지 않았다. 식당에서 혼이 나던 날, 난 그 사실을 깨닫고 갑자기 가슴이 답답해지는 것을 느꼈다. 선임들과 밥을 먹으면서 반찬통이 비워지면 빈 찬통을 들고 잽싸게 일어나, 식당 아주머니에게 가서 다시 채워 와야 했던 것이다. 집에서도 어머니가 해주시는 밥을 먹고, 학교에서도 고학번에다 형, 오빠라고 손놓고 있어도 옆에서 잘 챙겨주던 생활에 익숙하던 난, 톡톡히 혼이 나고 말았다. 그 뒤로는 숟가락을 입에 넣다가도 팽개치듯 내려놓고, 반찬을 얼른 다시 담아오곤 했다. 점점 요령이 생겨 "아주머니, 듬뿍 담아주세요."라는 말을 꼭 덧붙이게 되었고, 내 얼굴을 익힌 아주머니 역시 주방에 고개를 넣고 "애가 이병이라 적게 담아주면 계속 일어나야 돼."하며 신신당부를 하는 경우도 있었다.

대학에 들어온 신입생들이 대개 그렇듯, 부대에 전입한 신병들도 돈 한 푼 안내고 선임들이 사주는 밥을 얻어먹곤 한다. 어쩌면 반찬을 받아오는 것은 그런 호의에 대한 대가인지도 모른다고 생각하기도 했다. 한 번은 선임 두 명과 밥을 먹는데, 매번 사주는 밥만 잘도 챙겨먹는 것 같아 후식으로 아이스크림을 사겠다고 했다. 그러자 한 선임이 "사 주는 것도 아무나 살 수 있는 것인 줄 알아? 다 짬이 되어야 살 수 있는 거야."라며 핀잔을 주었다. 무안하여 더 이상 말할 수 없었지만, 계급에 의한 질서가 아이스크림 사는 것에도 적용되는 것에 약간 놀라웠다.

그렇게 생각 많던 신병 생활도 시간이 흐르면서 끝나갔다. 언제 그랬냐는 듯이, 내게서 '신병'이라는 꼬리표가 떨어지고, 어느새 난 그렇게도 어렵던 선임들과 장난도 치고, 일부는 내게 '형, 형' 하며 친근함을 표시하기도 했다. 그도 그럴 것이 난, 운 좋게도 3주마다 후임들을 받았다. 3주만 지나면 두 명 많게는 네 명까지 새로운 병사들이 '신병'이라는 이름으로 내가 있던 그 말석을 차례로 채워나갔다.

그렇게 하루하루가 가고 어느덧 일년 반이라는 시간이 흘렀다. 내일이면 신병들이 온다는 생각에, 아니 나의 계급이 한 기수만큼 더 높아진다는 생각에 은근히 기분 좋아하던 시절도 먼 이야기가 되어버렸다. 도리어 나의 후임들 중에는 들뜨기 보다는 신병의 군기를 어떻게 잡을지 고심하는 사람들도 생겨났다. 그 옛날 나의 선임들이 내게 그랬듯, 나의 후임들은 누군가의 선임이 되어 같은 식당에서 내가 들었던 그 말을 반복하고 있었다.

언제부터일까, 난 후임들과 식사를 할 때 반찬을 아껴 먹고 있다. 식당에 가면 반찬으로 김과 어묵이 나온다. 김을 맛있게 먹다가도 마지막 한 장이 남으면, 어쩐지 그것을 먹는 것이 아깝다. 내가 신병이던 시절, 그렇게 남은 김 한 장을 누군가가 먹지 않기를 바랐기 때문일 것이다. 아니 그 때는 그 조마조마한 심정이 싫어서, 맨입으로 그 한 장을 우물우물 씹으며 아주머니 앞에 빈 그릇을 들고 가곤 했다. 그래서 난 마지막 한 장의 김이 후임들 특히, 신병들에게 어떤 의미일지 능히 짐작한다. 내가 맛있게 먹은 그 한 장으로 인해 내 후임들은 주방까지 한 번 더 오가야 할 테니 말이다.

한번은 이제까지의 문화를 조금 바꿔보자 생각했다. 어느 날 식사를 하는데, 어묵이 한 개 남았다. 한 신병이 머뭇거리고 있기에 그 어묵을 얼른 집어먹고 손수 새로 받아왔다. 내가 신병 때 했듯. 난 스스로 뿌듯했다. 이만하면 좋은 선임이라고. 그러자 곁에 후임들이 가만히 있었다고 그 신병을 막 나무라는 것이었다. 게다가 본인들도 내게 참 미안해했다. 내가 잘못 움직였다가 신병이 공연히 혼이 나는 모습을 보고, 솔선수범도 그리 자주할 것은 못 된다 여겼다.

찬통에 남은 마지막 김 한 장과 어묵 한 개. 이 사소한 것들이 우리의 아래를 채워준 고마운 병사들에게 어떤 의미일지 알 수 있다면, 후임들이 선임들에게 품는 불만과 원망의 예리한 끝을 무디게 할 수 있지 않을까 생각한다. 그렇다면 '선임들에 대한 불만으로' 라는 제하로 보도되는 자살과 총기사고, 그로인해 죽어가는 안타까운 젊은이들의 무의미한 희생을 줄일 수 있으리라 믿는다.

비록 2년이라는 짧은 시간이지만, 내게 군인으로서 꿈이 있다면, 내가 속한 부대를 '오고 싶은 곳' 은 아니어도 '와서 후회하지는 않을 곳' 으로 만드는 것이었다. 난 나의 후임들이 수년이 흐른 뒤, 이곳에서의 생활을 떠올리며 다시 기억하고 싶지 않다는 생각을 가지기를 원치 않는다. 우연히 나를 마주쳤을 때, 얼굴을 붉히며 모른 척 지나가기도 원치 않는다. 그렇다고 이곳에서의 생활을 회상하며 애국심과 전우애, 그리고 고된 훈련으로 점철된 가슴 벅찬 두 해였다고 열을 올리기도 바라지 않는다.

내가 바라는 한 가지는, 무고한 희생까지는 아니더라도 좋지 않은 기억을 떠올리는 부조리가 여태 남아있다면, 우리가 있는 곳으로부터 조금씩 바꿔가는 노력을 기울이는 것이다. 내게 수십 년간 뿌리박힌 관행을 근절할 힘과 용기는 없지만, 내가 있는 곳에서부터 변화를 주도할 수는 있기 때문이다.

신병들이 아니, 후임들이 반찬을 새로 떠오는 관행은 여전하지만, 요사이 내가 있는 곳에서는 김 한 장과 어묵 한 개를 서로 먹으려 하는 경우도 종종 눈에 띈다. 작은 변화, 난 여기서 희망을 찾는다. 마지막 한 장, 마지막 한 개가 주는 의미가 달라지고 있다.

점심형 인간

 또다시 점심시간이 돌아왔다. 얼마나 기다렸던가. 꼭 배가 고파서가 아니다. 하루가 반나절이나 지난 것이다.
 학창시절에도 점심 무렵이 되면 마음이 설랬다. 이제 몇 시간만 더 버티면 하교가 아닌가. 그래서 친구들 중엔 점심시간을 기다리다 못해, 2교시 후 쉬는 시간에 도시락을 꺼내 '이른 점심'을 먹는 아이들도 꽤 많았다. 그렇게라도 점심시간의 기분을 좀 더 빨리 느껴보기 위해….
 고등학교를 졸업하면 그럴 일이 없을 줄 알았건만, 대학을 가도 마찬가지였다. 손목시계 바늘이 11시 30분을 넘어가면 듣고 있던 수업에서 내 마음은 홀연히 떠났다.

정신이 혼미할 지경이었다. 원래 45분에 끝날 수업이, 한 문제만 더 풀자는 교수님의 권유로 길어질듯 싶으면 조용하던 강의실이 갑자기 떠들썩해진다. "아유, 겨수님!" 교수님도 아닌 '겨수님'이다. 어디서들 저런 애교를 배웠을꼬. 그날 우리 겨수님은 대략 37분쯤 수업을 마치는 중재의 묘妙를 발휘하셨다. 훌륭한 분이었다.

  기실 중한 건 밥이 아니었다. 점심시간은 바쁜 하루를 달리는 도중 잠시 멈춰 서서 아침나절을 돌아보고 오후를 설계하는 준비의 시간이요, 오전의 실수를 되뇌며 진척 없던 일을 완수할 방편 마련에 고심하는 반전의 시간이기도 하다. 그래서 어린 시절부터 점심시간은 내게 참 각별했다. 빵조각에 물 한잔으로 간단하게 요기를 할지라도 그 시간만큼은 내게 가장 필요한 일을 하고 싶었다.

  그랬기에 대학을 다닐 땐, 오후 발표를 앞두고 점심 먹는 것도 잊고 팀원들과 프레젠테이션 리허설에 몰두하기도 했고, 과제물 마감이 코앞까지 닥쳐온 날에는 마무리 작업을 하느라 카스텔라 한 조각에 주린 배를 달래기도 했다. 꼭 만나야 했던 사람이 점심때만 시간을 낼 수 있다기에, 혼자 있을 수 있는 소중한 시간에 기꺼이 그를 찾아간 일도 있었다.

신문을 보니 '점심형 인간'이란 신조어가 생겼단다. 한 시간의 점심시간이라도 쪼개 쓰는 직장인이 늘고 있다는 것이다. 점심은 대충 때우고 그렇게 아낀 시간에, 바이올린이나 플루트 같은 악기를 배우기도 하고 헬스장으로 달려가 운동을 하기도 한다. 외국어 공부에 몰두하기도 하고 책을 읽거나 공원을 산책하며 지친 마음을 달래기도 하는 점심시간은, 숨 가쁜 하루를 쫓기듯 살아가는 직장인들에겐 마지막 유여有餘의 시간일지도 모른다.

 지난 2월, 인사이동으로 정든 곳을 떠나 영업점에 둥지를 틀게 되면서 요즈음 난 점심때마다 틈나는 대로 주변을 열심히 탐색 중이다. 빨리 식사를 마치고 망연히 걸어보기도 하고 물 먹는 병아리마냥 하늘을 올려다보기도 한다. 한참을 걷다 빌딩숲 사이로 길게 뻗은 가로수 길에 발이 멈추면 아직은 때 이른 봄기운이 먼발치에서 서성이는 걸 느낀다. 그러면 괜히 맘이 설렌다. 봄바람이 귀밑을 스쳐갈 땐, 기억은 바람처럼 먼 데서 소리 없이 밀려오고 시간의 자취는 추억이 되어 맘 한편에 내려앉는다.

 그러다 회사 근처 쇼핑몰에 다다르면 북적대는 사람들 곁으로 별세계가 펼쳐진다. 예전 같으면, 주말에 나들이 정도는 나서야 볼 수 있음직한 근사한 상점들이 줄지어 늘어선 이곳. 여기 음식점을 점심때마다 한 번씩만 다녀가도 족히 몇 달은 걸릴 것 같다는 생각이 머릿속을 스친다. 물론 그러자면 '저녁 같은 점심'을 먹어야겠지만…. 옷 가게에서 봄옷 구경도 하고 서점에서 새로 나온 책도 훑어보고 음반가게에선 봄을 겨냥해 나온 새 앨범도 들으면서, 내게 주어진 그 한 시간의 자유를 만끽하곤 한다.

하지만, 하지만 말이다. 점심시간을 기다리는 건, 정작 오후 한 시가 되면 돌아갈 곳이 있기 때문일 것이다. 갈 곳 없이 무작정 걸어야만 한다면 이 한 시간이 소중한 까닭을 알 턱이 있겠는가. 쉼표는 문장 안에서만 살아 숨 쉬듯, 쉼터도 일터 속에서 그 가치가 빛난다. 아침에 일어나면 나는 '하루'라는 교향곡을 연주하는 지휘자가 된다. 어디쯤에서 잠시 쉬어갈지, 어느 부분에서 쉼표를 생략하고 긴 호흡으로 곡을 이끌어갈지 순간순간 고민하고 판단하며 하루를 산다. 마냥 먹고 쉬는 점심시간이라면, 사실 그것도 지겹다. 열정과 몰입. 그걸 위해 난 오늘도 점심시간을 기다린다.

악어의 눈물

  아버지의 호흡이 점점 더 길어져가던 밤, 난 아버지의 손을 꼭 부여잡고 성모송을 쉼 없이 읊조렸다. 더 이상의 말씀은 없었다. 초점을 잃은 아버지의 흐릿한 눈동자는 우리를 인식하고 있었다. 고개를 돌릴 힘조차 없는 아버지의 얼굴 위로, 우리는 차례로 얼굴을 보였다. 작별이었다. 모두 눈물을 떨구었다. 병원 밖의 시간은 계속 흐르고 있었고 나의 시간도 흐르고 있었지만, 아버지의 시간은 정지하고 있었다. 난 그것이 억울했다. 아버지는 당신의 내일을 내게 남기셨다. 난 아버지의 바람이 무엇인지 알았다. 병상에 계시는 내내, 아버지는 생의 마지막 밤을 집에서 보내고 싶어 하셨다. 의도한 것이었을까, 아버지는 내게 그런 언질言質을 자주 주셨다. 나 역시 그렇게 하고자 했다. 두 번 다시 누울 수 없는 그 이부자리에 아버지의 마른 육신을 눕히고, 그 몸통을 끌어안은 채 부성의 풍성함을 전신으로 느끼며 통곡을 할 터였다. 하지만 난 그리할 수 없었다. 할머니의 반대는 완강했다. 장례를 집에서 치르기는 힘들다는 것이었다. 아버지는 그 날 밤 귀가하지 못했다. 그리고 먼 길을 떠나셨다. 그 날 밤, 아버지는 모든 것을 듣고 계셨다. 혼수상태로 접어든 뒤, 꼭 하루만큼의 시간이 남았다고 매정하게 통보하는 얄미운 레지던트의 말을 아버지는 가만히 듣고 계셨다. 귀가를 주장하는 나와 그것을 막는 할머니의 언쟁도 듣고 계셨다. 내가 막무가내로 집에 모시고 가겠다고 할머니를 밀어내고 바지를 집어 들자, 누워계시던 아버지는 가만히 무릎을 접어 올리셨다. 난 가슴이 아파왔다. 고모, 삼촌들까지 뜯어말리는 아수라 속에서 난 아버지의 바람을 지켜드리지 못했다.

죽음과 귀가불가, 두 가지만이 확실해지자 아버지는 괴로운 신음소리를 내기 시작했다. 난 두려움의 원천이 무엇인지 짐작할 수 있었다. '타지에서 미지의 세계로',

두려움의 대상은 너무도 자명한 것이었다. 그래서 난 아버지를 위해 성모송을 외우기 시작했다. 부기로 비대해진 두 손을 부여잡고, 그 손과 함께 했던 지난 스무 해의 기억을 되뇌었다. 그 손은, 초등학교 시절, 어느 해수욕장에서 잃어버린 내 하나뿐인 라디오의 행방을 수색하느라 부질없는 안내 방송을 위해 마이크를 움켜잡던 손이었다. 그 손은, 중학교 기술 시간, 식물의 접붙이기를 어려워하던 내게 실습을 시키다 톱에 벤, 피로 얼룩진 손이었다. 그 손은, 고등학교 체육 시간, 나의 농구 연습을 위해 농구 골대를 제작해 마당 위에 세웠던 굵은 손이었다. 그렇게 식어가는 손을 부여잡고 난 뜨겁게 과거를 회상했다. 아버지는 성모송을 들으며 마음의 안정을 찾아가셨다. 신음소리는 잦아들고, 고요한 숨소리가 들렸다. 그리고 수 시간 뒤 생의 끈을 놓으셨다.

죽음을 앞둔 천주교인에게 성모송은 그렇게 소중한 기도였다. 내가 첫영성체를 위해 수업을 듣던 초등학교 3년 여름, 교리를 지도하던 수녀님은 내게 이런 말을 들려주셨다. 하루는 예수님이 천국에서 산책을 하고 있었는데, 당연히 지옥이나 연옥으로 가야 할 자들이 버젓이 천국에 있는 것이었다. 그래 예수님이 의아한 얼굴로 그들을 바라보았는데, 당신을 보고 어쩔 줄 몰라하는 죄인들 곁에 다름 아닌 성모님이 저 아래쪽을 바라보면서 무언가를 열심히 당기고 계셨다. 자세히 보니 마리아가 저 아래로 굵은 밧줄을 내려 연옥이나 지옥으로 갈 죄인들을 한 명씩 차례로 끌어올리고 있었다. 그것이 어머니가 하신 일이기에 예수님은 무어라 말할 수 없었다 한다. 결국 성모님은 죽음의 순간, 인간들에게 따뜻한 손을 내미는 그런 존재라는 사실이 수녀님 교리의 요점이었다. 난 아버지의 신음소리를 들으면서 이 마법 같은 이야기를 떠올렸고, 그 기도를 외우고 또 외웠다. 아버지가 돌아가시고 마흔 아홉 일이 지날 동안, 난 어머니와 저녁마다 무릎을 맞대고 앉아 연도를 바쳤다. 매일 저녁 드리는 성모송 속에서 난 아버지의 명복冥福을 빌고 또 빌었다. 돌이켜보아, 이제껏 내게 그토록 간절했던 기도의 순간은 없었고, 그토록 진심어린 기도를 드린 적도 흔치 않았다.

 시간이 흐르며, 난 평정을 되찾고 일상으로 돌아왔다. 슬픔도 아쉬움도 그 깊은 자국을 남겼지만 간절했던 그 순간만큼은 아니었다. 시간이 지나면 잊는 것이 인간의 마음이었다. 그래서 인간은 망각의 존재인 지도 몰랐다. 그 뒤 대학에서 성당 활동을 계속하면서 난 참 독실한 신앙인들을 많이 만났다. 그들이 두 손 모아 기도하며 실타래처럼 내뱉는 아름다운 기도문에 감탄한 적도 많았다. 하지만 이따금씩 그들의 기도에 얼마나 진실함이 배어있을지 적잖이 궁금하기도 했다. 언제부터인가 신자들 가운데 많은 사람들이, 어쩌면 기도할 때만 천사일 지도 모른다는 사실을 어렴풋이 느끼기 시작했기 때문이었다. 그러한 의구심이 간혹 진실로 거룩한 마음을 가진 사람들에게 향했다면 미안하기 짝이 없는 일이었다. 하지만 기도 후에 재빨리 일상의 논리로 복귀하는 대부분의 형제와 자매들을 지켜보면서, 그들이 기도 중에 흘린 그 눈물과 미사여구美辭麗句가 과연 어떠한 의미를 가지고 있는지 생각하지 않을 수 없었다. 나 역시 그런 사람들의 범주에서 벗어나지 못한다는 자괴감自塊感이 들지 않았던 것은 아니었지만, 적어도 나도 모를 감상에 빠져 눈물을 흘리며 책임질 수 없는 말을 기도 때마다 반복하고 싶지는 않았다. 차라리 내키지 않으면 입술만 겨우 가누며 어눌한 기도를 바칠지언정, 스스로 설정한 기도 속의 상황에 몰입하여 흘리는 눈물은 원치 않았다. 이따금은 떼제 기도와 같은 작은 그룹에서의 기도가 끝나면 발그레한 볼에 묻은 눈물을 닦으며, "아, 참 좋았어요!"라고 말하는 사람도 있었다. 새내기 시절엔, 그 말을 듣고 쉽게 이해할 수 없으면서도, 기도에서 카타르시스 같은 것을 경험하는 듯 한 그 분들에 비해 내 신앙심은 얇고도 얇다 생각했다.

  그런데 한 생명의 영혼이 육체를 떠나며 세상과 마지막 석별의 인사를 나누던 짧고도 긴 시간을 회상하면서, 어쩌면 그 생각은 잘못된 것이라 여겼다. 내가 흘린 어떤 참회의 눈물도 병상에 계신 아버지가 흘렸던 그 통렬한 눈물에 비길 수 없었을 것이고, 나의 벗들이 흘린 어떤 눈물도 아버지의 죽음을 눈앞에 둔 열아홉 소년의 간절한 눈물에 저울질할 수는 없을 것이었다. 그래서 아버지의 죽음 이후 내겐, 함께 기도할 때는 그저 즐거운 마음으로 어울리고, 진정으로 기도하고 싶을 때에는 홀로 시간을 가지는 버릇이 생겼다. 아버지의 싸늘한 가슴에 얼굴을 묻었을 때 나의 울음은 혈육을 잃은 막연한 통곡이었지만, 하얀 국화꽃이 가득한 아버지의 영전 앞에 우두커니 앉아있을 때 나의 울음은 나와 아버지의 운명을 탓하는 흐느낌이 되었다. 그리고 하관을 지켜보면서 나의 울음은 비로소 소리 없는 후회가 되어 가슴에 내렸다.

  장례 미사에는 유독 크게 울음을 터뜨리는 사람도 있

었다. 도리어 놀라움과 무안함에 유족들이 나서 그이를 달래야 할 정도로 그들의 통곡 소리는 참 컸다. 왜 저렇게 슬퍼하는지 알 길은 없으나, 그 중에는 생전에 고인故人과 그다지 사이가 원만치 못한 사람도 있었다. 아니, 평생 고인의 발목을 잡던 이도 있었다. 통곡에 지친 가족과 지인들의 눈물은 말라 조용히 입술만을 지그시 깨물고 있을 때, 그들의 통곡은 점점 커졌다. 한 편의 드라마를 보는 것처럼, 땅 속으로 천천히 내려가던 관이 마지막 땅을 칠 때라든가, 관 위로 쌓이던 흙이 비로소 온전하게 오동나무 관을 가리는 마지막 흙삽이 허공에 너울거릴 때와 같은 절정의 순간에는, 그들의 소리가 더욱 애간장을 녹이곤 했다. 마치 영화의 배경 음악처럼 그들의 극적인 애절함은 장례식의 분위기를 더욱 숙연하게도 하는 것이었기에 반드시 나쁘다 여기지는 않았지만, 그 고성에 얼마나 진실함이 담겨 있을까 생각지 않았던 것도 아니었다.

먹이를 물 때 크게 벌어지는 입이 눈물샘의 신경과 연결되는 관계로, 포식을 할 때마다 눈물을 흘리는 '악어의 눈물' 처럼, 세상의 눈물 중에는 슬프지 않아도 흐르는 눈물이 있었다. 비단, 이렇게 생리적인 현상이 아니더라도 브라운관의 배우들이 드라마에서 설정한 상황에 맞춰 탁월한 감정 몰입으로 눈물을 흘리는 경우도 있었다. 이 역시 슬퍼서 흘리는 것은 아니었다. 그런가 하면 젖을 달라 조르는 아기의 고성이라든가, 군것질을 못해 칭얼대는 어린이의 울음, 그리고 원하는 대학에 들어가지 못해 성적표를 부여잡고 울고 있는 수험생의 눈물, 사랑하는 사람과 헤어져 슬픔에 빠진 젊은 남녀의 모습은, 진정 각자의 감정에 충실한 것이었다.

그러나 살다보면 생의 경륜과 철학에 따라, 눈물도 얼마든지 지적으로 변할 수 있다 생각했다. 많이 흘릴 수는 없어도, 눈가에 고였다 번지는 그 한 방울 만으로도 천금보다 깊은 의미를 담을 수 있을 것이었다. 더욱이 수시로 눈물을 쏟아내는 사람들이 가득 모인 세상에서, 울지 않은 자보다 우는 자가 더욱 동정을 얻고 뭇 사람의 마음을 사로잡고 보니, 한 때 눈물은 선거 광고에서 스스로를 효과적으로 알리는 수단으로 사용되기도 했다. 눈물바다가 된 이 세상에서 눈물의 진정한 의미를 새기면서 울고 있는 사람이 얼마나 있을까. 참 좋았다고 이야기하며 눈물을 닦아내던 그 눈망울에서, 원수같이 지내던 사람의 장례식장에서 고성을 지르며 자지러지던 그 모습에서, 마음을 다해 신에게 감사하고, 마음을 다해 슬픔을 전달하려면, 눈물 역시 함부로 흘릴 것은 못 된다 여겼다. 누구에게 보이기 위한 눈물이 아니라, 진정 마음으로 우는 법을 배울 수는 없을까. 마음속에 차오르던 눈물이 마음의 그릇을 넘쳐 마음을 촉촉이 적시고, 다시금 눈물이 서서히 샘솟을 수 있다면, 그 사람이야 말로 진실한 감성을 지닌 신앙인이요, 만인의 지인이 될 것이라 여긴다. 아버지는 병상에서의 눈물을 통해, 그리고 당신의 죽음을 통해 내게 눈물의 의미를 다시 생각하게 해주었다.

난 당신의 마지막을 지킨 이후로, 악어의 눈물이 넘치는 세상에 진주 같은 한 방울을 흘릴 수 있는 사람이 되고 싶었다.

우리가 생각하는 악惡,
그건 어쩌면
선善의 다른 이름일 수도 있었다.

말 없는 전령

 메일이 도착했다. 말 없는 전령傳令이 당도한 것이다. 직장에서 하루를 지내다 보면 족히 수십 통의 전자메일을 주고받게 되는데, 여기엔 공통점이 하나 있다. 대부분 업무에 꼭 필요한 파일들을 첨부한 소중한 편지들이나, 정작 본문은 텅 비어있게 마련이다. 아마 바쁜 일에 쫓긴 나머지 무언가를 쓸 시간조차 허락되지 않았을 것이다. 그래서 난 직장에서 주고받는 메일들을 '말 없는 전령'이라 부른다. 약간은 딱딱하지만 임무만큼은 충실히 완수하는 믿음직한 메신저, 이곳의 메일을 읽을 때면 '전할 것'을 손에 쥔 채 아무 말 없이 서 있는 헤르메스Hermes

가 떠오른다.

그런데 항상 그런 것도 아니었다. 짧은 문장이지만, 받는 이를 살뜰히 챙기는 따뜻한 글도 꽤 많았다. 잘 지내냐는 안부부터 수고가 많다는 격려에 환절기니 감기 조심하라는 배려에 이르기까지, 간혹 첨부파일의 내용이 이러이러하니 참고하라는 친절한 설명을 곁들인 메일은 내 마음을 훈훈하게 덥혀주곤 했다.

나 역시 업무 중엔 말 없는 전령을 자주 띄우곤 하지만, 틈이 나면 제법 긴 편지글을 적어 친구들과 주고받기도 한다. 손으로 적던 편지가 전자메일의 뒷전으로 밀려나고 뒤이어 휴대전화의 문자 메시지가 소통疏通의 대세로 자리 잡으면서, 정성스레 편지 아니 메일 쓸 기회는 확실히 줄고 있지만 말이다. 그건 아마 마주하지 않아도 마주 보는 것 같은 느낌을 주는 편지의 매력 때문일 것이요, 마주 대하곤 도저히 하기 힘든 이야기도 글월을 통해서는 수월히 전달할 수 있다는 오랜 믿음에서 기인한 것이리라.

편지의 특별함은 오직 한 사람을 위한 글이라는 데 있다. 어떤 문학도 서간문처럼 콕 집어 아무개를 위해 쓰진 않는다. 설령 목적의식이 투철한 작품이라 해도, 글을 쓰는 목적이 비교적 명료하고 독자층이 구체적이라는 것이지, 편지처럼 독자가 분명한 건 결코 아니다. 그래서 편지는 가장 손쉽게 쓸 수 있지만, 의외로 가장 쓰기 어려운 글이기도 하다. 아마도 많은 이들이 과묵한 전령을 부단히 띄우는 진짜 이유는, 바로 여기에 있을지도 모를 일이다.

  헌데 내 주변엔 그런 부담감을 과감히 이겨낸, 용기 있고 솜씨 좋은 분들이 꽤 많다. 그 중 단연 으뜸은 '메타'란 이름의 직원이었다. 그와 난 업무상 일주일에 꼭 한 번씩은 메일을 주고받아야 하는 사이였다. 처음엔 그저 곶감 빼먹듯 첨부된 파일이나 쏙 빼서 열어보곤 했는데, 언제부터인가 본문을 유심히 읽어보니 퍽 재미있었다. 오늘 내린 눈 때문에 구두가 더러워져 흰 눈은 '구두의 적'이라고도 하고, 매점에서 파는 빵 종류는 여전히 그대로라고 투덜거리기도 하며, 가끔은 내게 햇살을 좀 바라보라고 넉살도 부리는 말씨가 여느 메일과는 퍽 달랐다. 게다가 그 전령은 마지막 인사를 꼭 Excuse me라는 말로 마무리했다. 글의 내용이 어떠하든 항상 그렇게 끝맺는 건, 감사한다는 말 같은 천편일률적 갈무리가 싫었을 수도 있고 바쁜 업무 중에 자신의 메일을 읽어준 것에 대한 고마움이 깃들었기 때문인 듯도 하다. 어느 새 Excuse me는 메타만의 트레이드마크가 되어 있었고, 어쩌다 그 말이 빠진 날엔 오늘은 어쩐 일인지 퍽 궁금해지기도 했다. 그러던 어느 날 인사이동이 있었고, 난 더는 그가 정기적으로 excuse하는 모습을 볼 수 없게 되었다.

이런 일도 있었다. 우리 직장엔 나와 이름 같은 직원이 두 명 더 있는데, 가끔씩 그들에게 가야할 메일이 내게 잘못 올 때가 있다. 연말연시가 다가오자 그런 일이 좀 잦아졌다. 모르는 이가 보낸 메일을 열어보니, 대뜸 잘 지내고 있는지 안부를 물으면서 지난번에 부탁드린 건 어찌되었는지 질문도 하고 무슨 영문인지 고맙다고도 하며 새해 복 많이 받으라는 덕담까지 건네고 있었다. 잠시 고민했다. 이런 이들이 있어 직장이 참 따뜻한데 그래도 답장을 드리는 게 도리겠지 싶어 메일을 썼다. 그저 새해 복 많이 받으시라고. 혹 내게 올 메일도 다른 곳에 가지는 않았을까 생각하면서.

작년에 작고한 성악가 루치아노 파바로티는 1994년 미국 월드컵의 기념 콘서트를 앞두고 이런 말을 했다고 한다. "한 명 앞에서 노래하든 백만 명 앞에서 노래하든,

가수가 청중에게 가지는 마음가짐은 똑같다." 틀림없이 이 말엔, 청중의 수에 따라 소리의 질이 달라질 수 없다는 장인匠人의 자부심이 담긴 것이리라.

  문장의 질을 떠나, 나 역시 직장의 동료 중 누군가에게 편지를 쓰게 된다면 그런 갸륵한 정성을 기울이고 싶다. 오늘도 사무실에선 변함없이 말 없는 전령을 띄우고 받는 나지만, 한 사람의 독자를 위한 그 마음만큼은 잊고 살진 않는다. 바쁜 나날이지만 글에 인품人品이 어림을 의심해 본 일 없고, 쓰는 이의 마음결이 고스란히 배어있음을 믿기 때문이다.

회전목마

"이거 지금 하나요?" 가쁘게 숨을 몰아쉬며 난 그녀에게 물었다.

"그럼요, 고객님!" 그녀는 빙긋이 웃으며 상냥하게 응수했다.

아, 얼마나 오랜만에 마주하는가? 마지막으로 떠올렸던 때는 아마도 가슴 두근거리던 사춘기 시절이었을 것이다. 몸은 책상에 있어도 마음만은 동해 백사장이 곳을 휘돌아간 어디쯤을 거닐고 있을 때에 난 이것을 타고 싶다 생각했다. 수능 시험을 치르던 중, 난해한 문학작품의

진의眞意를 헤아리면서 문득 이것이 생각났다. 무슨 연유였을까? 난 알지 못한다. 내가 짐작할 수 없는 곳으로부터 이것은 날 부르고, 난 이것을 원하고 있었다.

어린이날은 으레 어린이보다 어른들이 더 바빴다. 오월 오일, 여느 날처럼 아침 해가 솟으면 부모님은 나를 '어린이님'이라 부르며 존대했다. 내가 왜 그러느냐고 되물으면 "아이, 어린이님 왜 그러세요?"라며 날 더욱 머쓱하게 만드셨다. 하지만 그것도 잠시, 난 이내 아버지의 이름을 마구 부르며 갑자기 드높아진 어린이의 인권을 마음껏 누렸다. 아비가 자식에게 존칭을 쓰고 자식이 그 아비의 이름을 부르는 날, 그것이 내겐 어린이 날이었다.

그 날은 유난히 맑았다. 우리 집 두 어른은 오월의 어린이날을 맞아 그 날도 어김없이 두 상전上典을 모시고 '자연농원'으로 향했다. 소풍을 가듯 점심 도시락이 담긴 배낭을 둘러멘 우리 형제는 들뜬 마음을 가라앉히지 못해 차 안에서 안절부절 못했다. 무엇을 하는 곳인지 무엇을 하기위해 가는지도 모른 채, 난 어디로 놀러간다는 것에 그리고 그것이 나를 위한 행사라는 점에 마냥 즐거워했다. 그곳에서 배를 타고 세상 곳곳을 둘러보며 '지구마을 한 가족'이라는 노래를 흥얼거리고, 마차로 동물원을 둘러보며 그림책이 내게 알려주지 않았던 걸 느끼는가 하면, 범퍼카를 타고 이리저리 헤집고 다니며 나도 아버지처럼 운전할 수 있다는 사실에 감격해 했다.

그렇게 즐거운 하루를 보내고 난 마지막으로 회전목마 앞에 섰다. 떠날 무렵이 되었지만, 난 그것을 기다리고 있었다. 대목이라 유난히도 사람들이 많아 목이 빠지게 내 차례를 기다렸건만, 가야할 시간은 목마의 회전보다 빠른 속도로 내게 다가오는 듯했다. 그렇게 시간과 목마가 마음속에서 경쟁을 벌이는 사이, 아슬아슬하게 내 차례가 돌아왔다. 이번에 목마를 타지 못하면 우린 이대로 떠나야 했다. 바로 앞에 서있던 형은 어느 새 달려 들어가 멋진 백마에 막 오르는 중이었다. 언제나 그랬듯 난 형을 쫓아 뛰어갔다.

그 때 한 아주머니가 내 손을 부여잡았다. 부탁이 있는데 내가 다음번에 타고 나의 순번順番을 자신의 아들에게 양보해줄 수 없느냐는 것이었다. 이제 막 떠나야 하는데 아들이 이걸 꼭 타고 싶다했다. 난 망설였다. 그곳을 떠나야 할 시간은 나나 그 아이 모두에게 다르지 않았다. 안내원은 '왕자의 행렬'이 시작되니 어서 말에 오르라 독촉하고 다른 한 쪽에서는 내게 사정을 하고 있었다.

난 물끄러미 그 아이를 바라보았다. 어린 나보다 더 작은 꼬마였다. 나의 어린 눈을 쳐다보는 소년의 간절한 눈이 보였다. 무슨 생각이었을까. 난 그 아이에게 내 차례를 양보했고 아주머니는 감사의 말을 전하며 아이를 안고 말에 올랐다. 난 형이 돌고 형이 탄 백마가 도는 모습을 보며 아쉬움을 달래고 있었다. 그렇게 가야할 시간은 그 목마들이 멈추는 순간 정확히 내게 다가왔다. 인간의 미각은 아쉬운 맛도 느낄 수 있었다. 어릿한 맛이었다. 어딘가 허전했고 그 허전함은 늘 그 날을 기억하게 했다. 그리고 항상은 아니었지만, 목마에 대한 그리움은 목마름처럼 남았다. 돌아오는 길에 난 몇 번이고 부모님으로부터 다짐을 받았다. 또 다시 올 수 있을 것이라고.

　아주 어릴 적 내가 살던 아파트 앞에는 목마차를 끌던 노인 한 분이 계셨다. 온갖 동요를 신명나게 틀어주는 할아버지 곁에는 나만한 아동들이 끊이지 않았다. 그건 회전목마처럼 백마도 아니었고 한 쪽 다리를 멋지게 들지도 못한, 다만 위아래로 움직일 뿐인 용수철 달린 볼품없는 목마였다. 그래도 아이들은 신나게 그 목마를 탔고, 그것을 타기 위해 으레 제 부모를 졸랐다. 나 역시 타고 싶었다. 하루는 어머니가 내게 물으셨다. 이것이 타고 싶으냐고. 난 그렇다고 고개를 끄덕였다. 그러자 어머니는 나를 목마에 태우시곤 노인에게 몇 백 원을 지불하며 잠시 매점을 다녀올 테니 잘 봐달라는 것이었다. 하지만 내게 그것은 일종의 계약 위반이었다. 난 어머니가 응당 내 곁에 있으리라는 막연한 믿음을 안고 고개를 끄덕였을 뿐, 어머니가 나를 두고 매점에 슬쩍 다녀와도 된다고 생각지는 않았다. 하지만 저항할 힘이 없는 난 어머니의 뒷모습을 목마 위에서 지켜보았다. 그리고 그 뒷모습이 사라지자 울음을 터뜨렸다. 누구도 내 슬픔을 잠재울 수 없었다. 난 목마를 타며 울었다. 나를 떠난 어머니를 원망하며 난 슬피 울었다. 그래도 난 목마에서 내려가지 않았다. 말은 어미를 향해 달려가지도 못했다. 아무런 표정도 없는 목마가 얄미웠다.

한참을 울던 내게 한 아저씨가 껌을 주셨다. 이걸 먹고 울음을 뚝 그치라는 것이었다. 난 그것을 받아 우물우물 씹으며 다시 울었다. 어린 생각에도 껌 하나에 울음을 그친다는 건 자존심이 상하는 일이기 때문이었다. 울음이 꽤 컸던지 저 멀리서 장보다 말고 달려오는 어머니의 모습이 보였다. 이제 울어야 할 이유는 사라졌지만 난 더욱 크게 울었다. 슬퍼도 울었고 슬프지 않아도 울었다. 다만 슬프면 슬피 울고 슬프지 않으면 그냥 울었을 뿐이었다. 이제 눈물은 나오지 않았고 구슬피 우는 시늉만 겨우 내고 있었다.

마을 동생들이 함께 말 위에서 놀던 그 날, 난 완전히 체면을 구기고 말았다. 어느 새 마음 한 편엔 언젠가 울지 않고 목마를 타리라는 생각이 자리했다. 하지만 그런 기회는 그리 쉽게 오지 않았다. 초등학교 3학년이던 어린이 날, 난 그 꼬마에게 내 순번을 양보하며 목마에 오르지 못했고, 그 뒤로 바쁜 학창시절을 보내며 목마는 기억 속에서 잊혀졌다. 세상에는 목마보다 재미있는 것이 많았고, 목마를 못 탄 것보다 아쉬운 순간도 있었고, 목마 위에서 울었던 때보다 부끄러운 순간도 비일비재非一非再했다.

그렇게 스무 해가 지나 자연농원도 다른 이름으로 바뀌었다. 예전의 그 자리에 서자 문득 말에 오르고 싶다는 충동이 샘솟았다. 그렇게 난 어릴 적 그렇게도 소원하던 회전목마에 올랐다. 그리고 '왕자의 행렬'은 출발했다. 나의 회전목마는 그렇게 돌고 돌았다. 목마가 돌면 나도 돌았고, 내가 돌면 세상이 함께 돌았다. 목마와 나, 그리고 세상은 둥그렇게 얼려 너울너울 춤을 추었다. 목마가 돌자 과거의 기억이 주마등처럼 지나갔다. 한 바퀴 돌 때마다 두 해도 흐르고 세 해도 흘렀다. 회전목마는 과거의 시간을 내게 돌려주고 있었다.

난 외로웠다. 새하얗게 내리는 눈을 맞으며 짝 없이 성탄 캐럴이 흐르는 동숭동同乘洞 거리를 배회할 때 난 외로웠다. 가족이 있는 사람도 죽을 땐 홀로 죽어간다는 걸 알고부턴 더욱 외로웠다. 어린이 날 마구 부를 수 있었던 그 이름을 잃은 뒤, 난 눈으로 울지 않고 마음으로 우는 법을 배웠다. 외로울 때는 마음을 지그시 깨물면 된다. 그러면 마음속에 고였던 눈물이 흐르고 고독은 사라진다. 깨물 때의 아픔으로 고독을 대신하는 것이다. 하지만 고인 눈물을 비우고 나면 새로운 눈물이 다시 마음을 채우곤 했다. 마치 고독을 예비하듯 눈물은 샘처럼 솟았다. 눈물이 마르지 않는 한 고독은 계속될 듯 보였고, 눈물이 있는 한 고독도 견딜만한 것이었다.

삶이 실처럼 긴 것이라면, 그 실의 중간에는 언제나 얽힌 실타래가 있게 마련이었다. 그 뭉치는 실의 다른 부분을 얽어매어 더 크게 자라기도 하고 새로운 매듭을 지어내기도 한다. 생生은 한 인간의 삶을 통해 가장 의미 있고, 가장 의미 없는 일에 각각의 뭉치와 매듭을 허락했다. 그것은 가장 기쁘고 행복해서 잊혀지지 않는 순간일 수도 있었고, 너무 아쉽거나 혹은 처절할 만큼 슬픈 기억으로 채워질 수도 있었다. 어느 쪽이든 그것들은 잘 잊혀지지 않는다는 유일한 공통점을 가져, 어둠 속에서 가느다란 실을 훑다 손가락에 걸리는 매듭처럼 우리의 기억 속에 남게 된다. 그렇게 보면, 마음을 깨물며 입 안에 머금은 고독을 뱉어내는 정화淨化의 과정도 결국은 생이라는 실타래를 풀며 실에 드문드문 뭉치를 얽는 행위에 지나지 않는지도 몰랐다. 회전목마 위에서 내 생의 실을 기억의 손가락으로 더듬자면, 기쁜 일과 슬픈 일은 모두 뭉치요 매듭이긴 매일반이었다.

그 날 회전목마를 타며 난 유년시절로 돌아갔고 동심은 나를 어루만지고 있었다. 고독이 인간이 타고난 숙명이라면 난 고독과 부대끼며 외로움을 이길 방도를 찾아야 했다. 아이가 오르던 회전목마를 보며 느낀 아쉬움도, 용수철 목마에서의 애태움도 결국은 짝에 대한 기다림이나 다른 세상으로 떠난 이에 대한 그리움과 다를 바 없었다. 어쩌면 고독은 색깔만 바꿔 내 안에 머물렀는지 모를 일이었다. 고독은 때로 그리움이 되었다 아쉬움으로 남았다 슬픔과 기쁨의 다른 이름이 되기도 했다. 그래서 고독은 유년시절 이래 형형색색의 감정으로 내 안에 함께 기거했던 것이다.

여태껏 고독孤獨은 내부에 있었지만, 목마가 돌자 그 고독은 내 주위를 맴돌았다.

내 일터의 오아시스

 금요일 오후. 주말이 코앞이다. 내 맘이 그렇듯, 부서 분위기는 한결 부드러워진다. 종일 바삐 움직이던 동료들도 이 날 오후만큼은 삼오삼오 모여 짧은 대화를 건네기도 하고 이따금씩 웃음꽃을 피우기도 한다.

 벽 하나를 사이에 둔 과장님들과 농담을 주고받는 것도 주로 이 때다. 비록 팀은 다르지만, 책상 맞대고 이웃으로 지낸지 어언 1년. 그간 우리가 나눈 대화라 해봐야 한 식경食頃 길이가 채 아니 될 것이지만, 이분들과의 부드러운 소통疏通은 마른 땅에 내린 단비처럼 일상에 지친 나의 감성을 촉촉하게 적시곤 했다.

가끔은 팀원들과 돈 모아 간식을 사먹는 것도 재밌다. 학창시절 제법 써먹었던 추억의 '사다리타기'는 여기서도 등장한다. 사람 수만큼 줄을 반듯하게 긋고 그 아래에 '5천원, 만원, 꽝,…' 하는 식으로 액수를 적어 잘 접은 다음, 제비 뽑듯 각자 자기 줄 하나씩을 고른다. 그 선택이 행운의 '꽝'일 수도 있지만, 만원 혹은 그 이상의 거금으로 이어지는 썩은 동아줄이라면……. 게다가 정말 인상적이었던 건, 아무리 팀장님이라도 '꽝'이 나오면 앳된 소년처럼 좋아하신다는 사실이었다.

심부름 차 어떤 부서에 가면 유독 미혼의 여직원들이 많았다. 상냥하고 친절한 미소가 맞아주는 그곳에 가면, 잠시 앉아 쉬었다 가고 싶었다. 그럴 땐 절친한 남자 동기들의 반가운 인사는 귀에 잘 들어오지 않았다. 그러다 한참이 지난 어느 날 사내게시판에서 그때 그 '미소천사'의 결혼 소식이라도 발견하게 되면 그저 입이나 헤 벌리고 말 뿐이지만.

우린 종종 생의 여정을 사막을 걷는 것에 비유하곤 한다. 반복되는 일상에 아무런 흥미를 느끼지 못할 때, 인생은 갑자기 척박한 황무지처럼 느껴지고 만다. 어제와 다르지 않은 오늘, 오늘과 다를 바 없을 내일이 이어질 때 우리의 상상력은 그 찬연한 빛을 잃고 만다. 변화 없는 일상. 상상의 세계와 단절된 생활 속에선 창조적인 무엇을 기대하긴 어렵다. 그래서 인생엔 쉼터가 필요하다. 자신의 사막에 오아시스 하나쯤은 숨겨봄 직하다. 단조로운 선율에 파격을 주듯 말이다.

뒤마의 「몽테크리스토 백작」엔, 주인공인 에드몽 당테스가 이프 섬의 감옥에서 새롭게 태어나는 과정이 잘 묘사되어 있다. 그곳에 갇히면 그것으로 끝이라는 비극적인 통념. 그가 좌절하지 않고 그 상식을 뛰어넘을 수 있었던 건, 단조로운 일상에서 무언가 새로운 일을 꾸준히 찾아냈기 때문이었다. 옆방의 죄수였던 파리아 신부와의 우연한 만남은 그 '변화'의 시작이요, 감옥 속의 오아시스였을 것이다.

작년 봄, 난 밤까지 계속되는 근무가 너무도 지겨워 월이라도 마셔보고 싶었다. 그렇지 않으면 생활이 무미건조할 것 같았다. 한 달이 지나 메치니코프로 바꾸어 마셨다. 마시던 월. 그게 너무 지루해져서. 아주머니가 물어보셨다. 무슨 맛을 넣어드릴까. 대답은 그냥 아무거나 넣어주세요. 오늘은 무슨 맛을 주실지 상상하는 것도 재밌잖아요.

하루는 그 날 점심약속이 너무도 기다려져서 팀에서 가장 먼저 일어섰다.

"저, 식사하고 오겠습니다."

모두가 날 쳐다보고 있었다. 내가 사무실 문 앞에 다가섰을 무렵,

"종화 씨! 근데 말이지. 지금 10시 45분이야."

그 날, 나의 하루는 참 즐거웠다. 망신당하긴 했어도.

최근 지구온난화가 진행되면서 푸른 숲은 사라지고 사막의 면적이 늘어난다고 들었다. 허나 늘어나는 게 어찌 지표의 사막뿐 이겠는가. 우리 마음 속 황무지, 그건 어찌하고. 음악엔 도돌이표가 있지만 되짚어 연주하는 마디를 똑같은 느낌으로 표현하는 음악가는 단 한 사람도 없다. 같은 정물을 캔버스에 그려내도 하루 중 언제 그렸느냐에 따라 빛이 주는 인상은 전혀 다르게 마련이다. 우리의 나날에도 그런 '변화'가 필요하다.

영어 속담에 "All work and no play makes Jack a dull boy."라는 말이 있다. 그럴 것 같다. 훌륭한 웅변가는 연설의 강조점을 찍기 직전, 살짝 쉬어준다고 한다. 삶에서 적절한 쉼표는 한국화의 여백처럼 글의 행간처럼 음과 음 사이의 침묵처럼, 우리네 생에 텅 빈 풍만함을

선사한다. 마치 오아시스처럼.

  어느 날 갑자기, 스스로 쳇바퀴 돌리는 다람쥐 신세란 착각이 들 때면 오아시스의 신기루가 보인다. 저 옛날 비단길을 횡단했다던 캐러밴에게 그러했듯, 인생길도 좀 걷자면 맑은 물 샘솟는 오아시스가 꼭 있어야 한다.

  그나저나 내 일터의 오아시스에도 멋진 그녀들이 좀 쉬어갔으면 좋겠다.

군인 한 개

 대학을 마치고 뒤늦게 군에 입대한 내가 '군인'의 신분으로 처음 바깥 구경을 한 것은 입대한지 70여 일이 흐른 뒤였다. 군복 이외에는 입을 옷이 없던 나는 선임들에게서 빌려 입은 사복을 대충 맞추어 입고, 까까머리를 감추기 위해 피티 캡PT cap이라고 불리는 챙이 없는 까만 털모자를 뒤집어 쓴 뒤, 세탁을 못해 까맣게 변해버린 운동화를 신은 채, 대리석이 눈부시게 깔린 용산역에 도착했다. 여기저기서 얻어 입은 옷에다 타버린 얼굴을 한 모습은 그야말로 혹자가 이야기하는 볼품없는 '한 개의 군인'이었다. '한 개의 군인'이란 가까운 친구 들이 우스갯소리로 내게 던진 말인데, 군인을 사람으로 보지 않겠다는 의미를 담은 농담 섞인 이야기였다. 그러나 곰곰이 생각해보면 그럴듯한 표현인 것도 같다.

논산에서 한참 기초 군사 훈련을 받던 지난 겨울, 사격 훈련을 앞두고 소대장이 내무교육 시간에 열강을 토하고 있었는데, 고된 훈련에 지친 병사들은 자장가나 다름없는 이론 강의를 무시한 채 꾸벅거리며 졸고 있었다. 이에 병사들의 단잠을 깨울 요량이었는지 이 교관이 느닷없이 퀴즈문제를 하나 들고 나왔다. 질문인즉, 이 세상에는 세 종류의 인간이 있는데 한 번 맞추어 보라는 것이었다. 그래, 한 때 '미시족'이라는 말을 비롯해 '제 3의 성, 아줌마'란 유행어가 나돈 적이 있었기로, 한 훈련병이 '예, OO번 훈련병, OOO! 남자, 여자, 아줌마입니다.'라고 대답했는데 빗나간 답이었다. 그러자 곁에 있던 한 학구적인 훈련병이 한참을 고민하더니 '남자, 여자, 동성애자'로 제법 교과서적인 구분을 하는 것이었다. 물론 그 교관이 이런 교과서적인 답을 원했을 리 만무하였다.

기실 인간을 구분 짓거나 분류하려는 시도는, 동서양을 막론하고 학자로 불리던 사람들이 자신들의 이론을 펴기 위해 즐겨 쓰던 방식이었던 것 같다. 우리가 흔히 알고 있는 성선설, 성악설은 '착한 사람, 못된 사람'이라는 다소 극단적인 이분법에 빠진 약점을 안고 있어도, 그러한 관점이 사람을 어떻게 다루어야 하는 인사정책 people policies의 출발점이 되었다. 조직체 내의 인적자산을 관리하는 경영학의 역사에서도 'X이론, Y이론'이라는 이름만 다른 성선설, 성악설이 존재해, 경영자가 구성원들에 대해 어떤 믿음을 가지느냐에 따라 그들을 이끌어 가는 관리방식의 차이를 역사적으로 입증한다는 사실을 보여주고 있다. 한 마디로, 내 부하들이 착한 사람들이라면 알아서 일을 성실하게 할 테고 굳이 간섭하거나 괴롭힐 이유가 없을 테지만, 만일 그 반대라면 항상 감시와 상벌제도를 통해 통제를 해야 할 테니 말이다. 그래서 나는 인간을 분류하려는 시도는, 그 사람의 인사관리 방식을 단적으로 보여주는 거울이라고 생각해 왔다.

그래서였을까, 소대장의 질문을 들었을 때 인간을 어떻게 분류할지는 모르겠지만, 결국 졸고 있던 병사들에게 따끔한 충고의 화살을 날릴 것이라는 조심스러운 추측을 해 보기도 하였다. 아니나 다를까, 소대장의 분류는 그의 사상을 반영한다 할 만큼 자명한 것이었다. 이 세상의 인간들을 '민간인, 군인, 훈련병'으로 나눈다는 이야기였다. 훈련소의 훈련병은 입대와 동시에 민간인의 신분을 잃었으니 민간인은 아니요, 그렇다고 군인으로 보기에는 뭔가 많이 부족하다는 것이었다. 바꾸어 말해, 군기가 덜 들어 무엇을 해도 실수가 많고 어색해 군인 취급을 하지도 않는다는 것이 퀴즈의 요점이었다. 한 마디 덧붙이자면, 사격장이 위치한 산에 기거하는 까투리 가족들조차 훈련병들이 사격을 할 때는, 자리를 피해 목숨을 연명하는 생존의 지혜를 터득했다는 놀라운 이야기도 있었다.

또 이런 이야기도 있다. 미군을 영어로는 G.I.라고 표현하는데, 이는 정부 발행의 물품을 뜻하는 Government Issue의 앞 글자를 따서 부르는 말이다. 다시 말해, 군인 한 명은 전시에 정부가 전략적으로 사용하는 관급품 중의 하나라는 의미가 된다. 탄창 가득히 끼운 총알처럼 필요에 따라 그렇게 소모할 수 있는, 그러나 그들 역시 인간이기에 그렇게 가볍게 다룰 수는 없는, 그런 애매한 존재가 '군인 한 개'라는 말에 담겨있는 셈이다.

지구상에 전쟁이라는 잔혹한 힘겨루기가 생긴 이래, 이름 모를 군인 몇 개가 희생되었을지 우리는 쉽게 상상

할 수 없을 것이다. 반구 저편에 아직도 전쟁의 공포에 떨고 있는 곳에서 군인 수백 개와 민간인 수십 명이 다쳤다는 소식도 들려오고, 포로로 잡힌 이라크 군인 수십 개를 잔혹하게 폭행했다는 이야기도 들린다. 나보다 조금 늦게 백일 휴가를 나왔을 훈련소의 내 동생들이, 그리운 가족·친구들을 만난 장소에서 '군바리, 군인 한두 개'라고 소란을 피우며 웃고 있을 사이, 그 의미심장한 말은 우리도 모르는 사이 농담처럼 굳어지는 것은 아닐까.

그건 그렇고, 군인은 그나마 '한 개, 두 개,……' 하는 식의 개수로라도 헤아릴 수 있다지만, 오늘도 훈련소에 있을 훈련병들은 어떻게 셈을 해야 할 지 막막한 일이 아닐 수 없다.

애인 만들기

 수경. 어릴 적 내 연인戀人의 이름이다. 그녀는 가상의 인물로, 삶의 시간 선을 따라 미래의 어디쯤 오붓한 집을 짓고 살며, 어린 내가 자라길 기다리던 생면부지生面不知의 여인이었다. 그녀에게는 이름이 없었다. 이름은 있는데, 아직 알 수 없다 했다. 그래서 난 그녀에게 '수경'이라는 이름을 지어주었다.

 그녀는 아름다웠다. 아름답다는 말이 무색할 만큼 아름다웠고, 요정처럼 내 꿈을 먹고 하루를 살았다. 하지만, 시간이 흐를수록 수경은 자신의 본모습으로 돌아갔다. 난 그 모습이 무엇인지 몰랐다. 어릴 적 이후로 난 그녀를 꿈에서도 본 적이 없기 때문이었다. 그래서 꿈길에도 길이 있다면, 길에서 수경을 마주쳐도 난 수경을 알아보지 못할 것이었다. 그건 수경의 입장에서도 다를 바 없었다.

그러나 해가 거듭하고 나이를 먹어가며 수경은 내 주위를 거닐기 시작했고, 난 그녀의 자취를 점점 가까운 곳에서 다만, 느낄 수 있었다. 난 많은 수경들을 만났다. 그중에는 수경을 참칭僭稱한 거짓 수경도 있었고, 수경 같은 신기루도 있었고, 수경인 듯 한데 확실치 않은 '심증만 있고 물증이 없는' 수경도 있었다. 그런가 하면, 여러 수경들이 여기저기서 다가와 진위眞僞를 가려야 하는 홍길동 같은 수경도 있었다.

어찌되었든, 난 수경을 알아보지 못했고 수경도 날 알아볼 수 없었다.

그렇게 난 수경을 지나치고 수경은 날 지나치며, 서로의 숨바꼭질은 계속되었다. 난 수경이란 이름을 알았지만 그녀는 다른 이름으로 세상을 살고 있었고, 그녀 역시 내가 들어보았을 리 없는 이름을 내게 붙여주었을 것이었다. 이름을 알고 있어도 찾을 수 없는 이유였다. 그래서 우리는 각기 두 개의 이름을 들고 꿈길로 갔다 다시 현실의 거리를 배회하며, 공개키와 암호키의 쌍을 맞추어 보기 위해 한없이 난수亂數의 세계로 빠져들었다.

 어쩌면 우리는 한 번쯤 만났을 지도 몰랐다. 하지만 그랬다 한들, 우린 서로를 서로가 찾는 사람이 아닐까봐 너무도 조심스러웠을 것이다. 인간은 중대한 결정 앞에 의심 많고, 의심스러운 존재로 변한다. 쇠똥 같은 눈물을 별떨기처럼 흘리던 시절엔, 세상을 참 몰랐다. 세상을 몰랐기에 눈물은 눈물답게 흘렀다. 그렇지만 살려면 밥그릇도 있어야 하고 밥그릇에도 보이지 않는 계층이 있음을 알고 부턴, 난 바보처럼 울었다. 그녀도 그랬다. 그녀가 그랬음은 많은 수경들을 보고 알았다. 내가 만난 수경들, 그들이 내게 하지 않았던 말은 오직 '미래의 불확실성'에 대한 것뿐이었다. 그들은 확실한 것은 내게 모두 이야기했다. 마음속에는 불확실한 것만 남았다. 난 다만, 그것을 느낄 수 있었다. 느끼기만 했을 뿐 이야기하지 않았다. 나 역시 다르지 않았기 때문이었다. 그들은 내 나이가 젊기에 불확실해 했고, 내가 군복무를 마치지 않아 불확실해 했고, 내가 가진 독특한 미래관과 넘치는 자신감에 대해 불확실해 했다. 정열情熱은 마음을 녹일 수 있어도, 머리를 식힐 수 없었다. 논리論理는 고개를 끄덕일 수 있어도, 행동을 바꾸지는 못했다. 나의 재산 목록엔 그린스펀이 얻은 '세상의 믿음'이 빠져 있었다. 주변의 믿음을 사로잡기엔 내 경험은 일천했다. 사랑의 방정식方程式은 해법을 찾으려 들면, 오히려 더욱 복잡해지는 난해함을 간직하고 있었다. 어쩌면 그 해解에 이르는 길은 금리金利의 경로보다 훨씬 꼬여 있을 것이었다. 수경들은 자신들의 손에 꼭 쥔 암호키의 짝이 그런 '확실성'에 있는 줄로만 알고 있었고, 그것이 내게서 나타날 때까지 그것을 보여주지 않았다. 그 때, 우린 세상을 알아가고 있었고, 세상은 우리를 물끄러미 바라보고 있었다. 앞서간 사람들이 그랬듯, 우린 동심을 간직할 뿐 어릴 적의 꿈을 자꾸 고쳐가며 현실로 들어서고 있었다. 눈물은 어릴 적 흘린 그 자리로만 흘러 내렸지만, 그 의미는 그렇게 순수하지 않았다. 그래서 우린, 서로를 찾다 지친 다리를 보듬고 울었다. 요정의 얼굴은 자꾸 누더기처럼 변했다.

 확실함과 불확실함, 이 두 세계를 오가며 선택을 강요받는 인간은 의심으로 가득차게 마련이었다. 그리고 그 의심의 끝은 양면성 자체에 대한 무관심이거나, 불확실한 것에 대한 포기로 이어질 것이었다. 불확실함이 가득한 세계에서 확실함만을 좇는 것이 인간의 운명처럼 보였다. 그랬다. 믿음이 부족한 세상, 인간에겐 밥그릇이 아닌 믿음이 필요했다. 그런 단순함과 순결함만이 넝마처럼 변한 마음 속 연인들의 얼굴을 원형原型으로 되돌릴 수 있었을 것이다.

수경은 어릴 적 요정도 아니었지만, 작위적으로 고쳐진 성형미인은 결코 아닐 것이다. 다만 어릴 적 수경을 키운 동심童心의 단순성과 그 무모함은, 누더기처럼 변한 수경의 일그러진 얼굴을 보드라운 숨결로 만져줄 것이었다. 지친 다리를 보듬고 막막해 울고 있을 그녀 마음 속 내 얼굴도 어루만질 것이었다.

어쩌면 수경은, 세상이 아직 내게 주지 않은 믿음을 세상보다 먼저 채워줄 사람이었다. 그리고 난 그녀에게, "수경이 살았고, 살고 있으며, 앞으로도 살아갈 것"이라는 어린 싹의 믿음을 곱게 심어 줄 것이었다. 서로의 삶 연장선 어딘가에, 서로를 앞서 서로를 기다리는 사람이 있다는 것은 얼마나 큰 축복이요 행복이겠는가. 그것은 서로의 믿음이었다. 믿음을 믿음으로 맞바꾸는 것이 공정했고, 그것이 서로의 암호키를 알아보는 징표인지도 몰랐다.

그렇게 수경은 미래에 살며 나의 과거로부터 현재의

나에게로 걸어올 것이 틀림없었다.

가장의 기도

시인 박목월의 작품 가운데 '가정家庭'이란 시가 있다. 집 밖에서 굴욕과 추위에 맞서며 한 가정을 이끌어 가는 소시민적 가장이 가족에 대한 사랑과 미안함을 담담하게 고백한 시인데, 특히 그의 가족애가 퇴근길 현관에 들어서면서 문수文數가 제각각인 아홉 켤레의 신발을 바라보며 표출된다는 점이 매우 인상적이다.

집에 돌아와 보니 현관에 저마다 다른 크기의 신발이 아홉 켤레나 놓여 있었는데 막상 자신의 신발을 벗어놓고 보니, 역시 가장답게 자기 게 가장 크더란 것이다. 십구문 반十九文半의 신발. 이 시에서 아버지의 커다란 신발은 '아버지'가 가정에서 어떠한 존재임을 알려주는 역할을 한다. 가장이기에 신발의 크기만큼이나 무거운 책임감을 느끼면서도 "얼음과 눈으로 벽을 짜 올린 세상"에서는 무기력하기 짝이 없는 왜소한 자신을 한탄하며 항상 아버지의 역할을 제대로 하지 못한 것 같은 미안함을 토로하고 마는 것이다.

이 시를 읽으며 아주 어릴 적, 한때 불안정한 직장으로 인해 가졌을 내 아버지의 마음을 미루어 짐작해 보곤 한다. 아마도 당신 역시 세상의 높은 파도와 싸우고 돌아오는 퇴근길, 세 켤레의 신발 곁에 낡은 구두를 벗으며 책임감과 미안함이 가득한 사랑의 마음을 품으셨을지 모를 일이다.

내가 초등학교도 채 들어가기 전의 일이다. 어느 날 저녁, 회사에서 돌아오신 아버지는 어깨에 매달리는 우리 형제를 바라보며, "아빠가 오늘 사장이 됐어. 사장이."라고 말씀하셨다. 그 말을 듣고 우리는 "아빠, 진짜야? 그럼 이제 우리 부자 되겠네."라며 마냥 좋아했다. 어린 마음에 아빠에게 그리도 많은 술을 마시게 하던 원망스러운 사장님 대신, 우리 아빠가 사장이 되었다는 말은 나와 팽이치기로 인해 사이가 퍽 좋지 않았던 이웃집 정우를 이긴 것만큼이나 기쁜 일이 아닐 수 없었다.

하지만 점점 머리가 굵어지면서, 그 날 저녁 아버지가 우리에게 건넨 그 말에 농담 이상의 의미가 담겨있음을 어렴풋이 깨닫게 되었다. 더욱이 어느 날 박목월의 '가정'을 읽던 도중, 아버지가 그 날 저녁 우리에게 던진 말씀은 추위와 굴욕에 맞서 하루를 살다온 아버지가 '아랫목에 모인 두 마리의 강아지'를 보고 넌지시 건넨 사랑과 미안함의 표현이었음을 깨닫게 되었다.

우리가 상급 학교에 진학하면서 어려웠던 생활도 한결 나아졌다. 아버지가 경영자로서 조직의 책임자가 되면서, 이제 아버지와 우리 사이에 더 이상의 '사장놀음' 같은 것은 없었다.

그러나 예전에 비해 한 가지 달라진 점이 있었다. 우리 집에선 오래 전부터 아침, 저녁으로 한 가족이 식탁 앞에 옹기종기 모일 때마다 가족을 위한 기도를 하곤 했다. 이 때 아버지는 가족들을 대표하여 으레 식사 전 기도를 도맡아 하시곤 했는데, 이 기도가 눈에 띄게 길어졌던 것이다.

처음 기도를 시작했을 땐, 일용할 양식에 대한 간단한 감사 기도였던 것이, 어느새 가정의 안녕과 평화를 기원하는 내용으로 탈바꿈하더니, 급기야 가족의 이름을 일일이 호명하면서 각자가 겪고 있던 중대사가 원만히 해결될 수 있도록 많은 은총을 내려주십사는 내용까지 포함하게 되었다. 학년이 올라갈수록 두꺼워지던 학창 시절의 참고서처럼 시간이 갈수록 길어지는 기도문은, 마치 철사를 엮어 만든 왜소한 뼈대 위에 찰흙 덩어리로 겹겹이 살을 붙인 비대한 찰흙 인형처럼 점점 굵어지고 있었다.

기도가 진행되는 엄숙한 시간 동안 철없는 두 사춘기 소년은 아버지가 눈을 감으신 틈을 타 몰래 음식을 먹으며 "기도가 너무 긴 것 같다."며 웃음 섞인 목소리로 소곤거리곤 했다. 등교 시간을 앞둔 아버지의 기도는 언제나 우리들의 성화에 못 이긴 나머지, 서론과 본론만을 갖춘 미완성으로 끝나기 일쑤였다.

하지만, 그로부터 몇 해 뒤 갑작스럽게 찾아온 아버지의 죽음 앞에 우리는 온 가족의 마음을 한데 포용하던 가슴 따뜻한 기도를 각자의 가슴 속에 묻어야만 했다. 아버지의 죽음이란 충격적인 사건 앞에 더 이상 애정 어린 아버지의 기도도, 행복이 행복인줄 모르던 두 소년의 성화도 없었다.

시간이 흐르고 상실의 아픔이 가슴 속에 그 윤곽만을 남기게 될 무렵, 가장의 기도는 어머니에 의해 다시 시작되었다. 며칠 전 세 가족이 한데 모인 저녁 식탁, 어머니는 당신이 손수 지으셨다던 기도문을 읊조리셨다. 그 날로 다시 시작된 가장의 기도, 난 그 기도가 그 옛날 아버지의 그것 못지않게 길어졌음을 문득 깨닫게 되었다. 우리만큼이나 아버지의 긴 기도를 지루해 하시던 어머니. 당신 역시 아버지가 남기신 빈자리를 메우며, 그 옛날 아버지가 그러했듯 우리가 미처 깨닫지 못하는 사이, 아버지가 남긴 발자국을 마음속으로 거닐고 계셨는지도 몰랐다. 오늘도 길어져 가는 당신의 기도를 들으며, 기이하게도 당신의 사랑이 아버지에 대한 사랑, 그리고 신에 대한 사랑으로 융화됨은 무슨 연유일까.

철없던 사춘기, 그렇게도 지루하게 느껴졌던 아버지의 긴 기도가 아버지를, 아니 가장을 조금씩 이해하게 되면서 추억 저 편으로부터 자못 새로운 의미로 다가온다. 어린 시절 넌지시 건넨 아버지의 말을 머리가 굵어지며 은연중 이해하게 되었듯, 학창 시절 무심히 넘긴 가장의 기도를 되새기는 오늘, 당신들의 기도가 길어질 수밖에 없는 이유를 다시금 생각하게 되는 것이다. 나 역시 언젠가

한 무리를 이끄는 가장이 될지 모르건만, 그처럼 정성스러운 기도문을 읊조릴 수 있을지 자신하지 못함은 아직도 십구문 반의 신발을 벗으며 가지는 가장의 사랑과 미안함을 미처 헤아리지 못하기 때문이 아니겠는가.

어쩌면 고독은 색깔만 바꿔
내 안에 머물렀는지 모를 일이었다.
고독은 때로 그리움이 되었다 아쉬움으로 남았다
슬픔과 기쁨의 다른 이름이 되기도 했다.

| 에필로그 |

작은 꿈

 서른 세 편의 수필을 실었다. 큰 의미야 없겠지만 올해 내 나이만큼 뽑았다. 수필다운 수필을 처음 쓴 건 내 나이 열아홉 살로 기억된다. 그때 아버지를 여의고 쓴 글이 '크리스마스'였다. 지금 되돌아보면, 글다운 글을 처음 썼던 것 같다.

 이십 대 중반 무렵, '가면무도회'란 글로 많은 칭찬을 받았고 『계간수필』을 통해 등단도 하게 되었다.

 머리말에서 밝혔지만 수필은 쉽지 않다. 흔히들 수필은 편히 적은 신변잡기쯤으로 여긴다. 그렇다 보니 책방에 가면 누군가의 자서전이나 기행문 또는 수기 같은, 소위 분류가 애매한 산문들이 모두 수필로 일컬어진다. 문학과 비문학을 구별하지 못한 오류겠지만, 더 근본적으로는 수필의 개념에 대한 오해 때문이라고 생각된다.

흔히 수필을 '붓 가는 대로 쓰는 글'이라고 알고 있다. 그러나 붓 가는 대로, 라는 표현은 수필가의 대부분이 당대 지식인들로 채워졌을 때의 이야기다. 형식미를 내용미 못지않게 중요시했던 그때 수필가들은 붓 가는 대로 썼지만 형식미에 오활하지 않았다. 자유롭게 써도 붓이 길을 잃는 법은 없었다. 그런 점에서 수필가 구성이 다양해진 지금은, '붓 가는 대로'라는 말이 되레 오해의 씨앗이 되는 것 같다. 자유롭게 쓴 다양한 형태의 산문이 모두 수필이란 이름으로 버젓이 출간되고 있다. 이제 저 식상한 수필의 정의는 재고되어야 할 것 같다. 공자가 말한 '종심從心' 즉, 마음 가는 대로 해도 물의를 일으키지 않는 것, 이것이 문학으로서 수필의 문장이 지향하는 경지가 아닐까 생각한다.

다양한 실험이 거듭되고 있지만, 한국 현대수필의 큰 흐름은 세 가지로 요약된다. 첫째는 산문과 운문의 융합화이며, 둘째는 스스로에 대한 깊은 사유를 바탕으로 한

중수필重隨筆의 창작, 마지막으로 작가의 상상이 가미된 허구적 진실이 그것이다.

첫째 변화는 산문으로서의 수필이 율격이란 때깔을 입는 것으로 유난히 길고 추상적인 산문적 성향의 현대시에서도 이러한 경향을 읽어낼 수 있다. 둘째 변화는 금아 수필의 서정성에 깊은 감명을 받아 서정 수필을 쏟아냈던 우리 수필 문단이 이성과 감성의 조화 내지는 균형을 맞춰가는 과정으로 이해된다. 마지막 흐름은 1인칭 사실 문학으로 인식되던 수필의 장르에 가히 혁신으로 부를 만한 변화로 여겨진다.

모든 예술은 자유로움을 추구한다. 그러나 그 자유로움 속에는 감동이 있게 마련이다. 그 감동은, 자기가 만든 작품 세계로 감상자를 빨려 들어오게 할 때 가능하다. 자신이 만든 질서에 누군가를 매료시키는 힘, 그게 바로 예술이다.

수필은 산문散文이다. 산문은 문장을 흐트러트리는 것이지만 그 흐트러짐 속에는 질서가 있다. 또한 그 질서는 작가마다 각기 다르다. 수필마다 맛과 멋이 다른 이유요, 수필이 문학으로서 생명력을 가지는 진정한 이유다. 작가가 수필 속에서 그 맛과 멋을 자신만의 방식으로 적절하게 교직할 수 있을 때, 비로소 수필의 격格이 완성된다.

 꿈이 있었다. 수필집을 낸다면 가벼워서 들고 다니기 쉽고, 말랑거려서 함부로 읽기 쉬운 '작은 책'이길 바랬다. 이 책이 그랬으면 좋겠다.

부록-평론 모음
허세욱
이상국
한상렬

| 부록-평론 모음 |

등단 심사평

허 세 욱*

 지난 호(『계간수필』 2006년 겨울호)에 '가면무도회'로 우릴 놀라게 했던 이종화가 이번엔 '고소공포증'으로 천료, 우리 『계간수필』에 신기록을 세웠다.
 산에 올라 위를 보면서 더 오르고픈 상승의 욕구는 역사를 전진시키지만, 그 끝은 불안이요 공포라는, 그래서 현대인의 새로운 징후 — 고소공포증을 소박하게 고발했다. 그리고 약관 이종화는 깜찍하게도 '버리면 오히려 얻는다.'는 노장 지혜를 넌지시 보인다.
 간결한 문장에 농도 짙은 사고를 노련한 중·노년처럼 무리 없이 풀어가는 필력이 우릴 든든케 한다. 그의 외조

부이신 원로 수필가 故 박규환 선생 곁에서 신교身敎가 있었으리라 생각되지만 스물 일곱 살, 수필계에서는 싱싱타못해 여리디여린 나이다.

  이제 이종화의 등장으로 수필이 특정한 연대의 문학이 아니고, 심도있는 사고로 모자란 체험을 극복할 수 있다는 두 가지 창작의 가능성을 확인하게 되었다.

(2007년 「계간수필」 봄호)

---

*허세욱 : 수필가 · 시인, 고대 중문과 · 외대 중어과 교수 역임, 前 수필문우회 회장. 제10회 현대수필문학 대상 수상.

살아있음의 증표 - 반항하는 수필
- 이종화의 '여의도 서정抒情' -

이 상 국*

 글은 제목이 암시하는 것과 같이 서정 수필이다. 시적 詩的 수필. 한 편의 수필을 쓴다는 것은 구조나 단어의 선택, 글의 치밀성, 모든 면에서 자칫 흠 하나 생겨나면 치유할 길이 없다. 산문의 취약, 노출이니까. 그러나 시는 그 함축의 힘으로 웬만한 흠은 묻히는 법. 그러면 시적 수필은? 수필과 시의 양면성으로 흠은 묻히고 장점은 시너지 효과를 낼까. 천만에 그 반대다. 그래서 시적 수필을 쓴다는 것은 여간 힘든 일이 아니다. 따라서 성공한 시적 수필을 읽는다는 것은 꽤 운치 있고 고급스런 독서가 아닐 수 없다.

성공한 시적 수필 한 편 읽는다. 작가는 여의도의 정경을 세 개의 그림으로 압축한다.

캔 맥주 들고 강가에 서성이는 화자와 친구가 그 (1)이고, 공원에서 농구 시합에 열중인 사내아이들과 인라인스케이트를 타는 부녀, 자전거를 타는 화자가 그 (2)이며, 은행 앞에서 샌드위치를 파는 트럭 아저씨와 전단지를 뿌려대는 영업사원들과 커피점 아주머니가 그 (3)이다.

세 개의 그림은 이질적이고 각각 따로 노는 그림이다. 그러나 시적 운율이 있고 감각에 호소하는 이미지가 있다.

세월, 감정, 기회, 기억, 이 모든 것들이 흐름이며 흐름은 강江인 것. 이 덧없는 흐름에 대하여 느낌이나 생각만으로 논하는 것은 잘못이다. 단 한 번만이라도 강가에 나가 보시라. 물가에서 한강을 직접 보시라. 그 장엄한 흐름에 압도될 것이니. 그리고 다시 읽을 일이다. 그러면 초야의 귀뚜라미 소리, 심장소리가 귀에서 멀어질 즈음 풀숲 여기저기 또렷이 들리는 밤벌레 소리가 당신의 촉각을 생생하게 곤두세울 것이다.

여의도가 작은 섬이라 깔볼 일이 아니다. 목적지가 빤

히 보이는 빌딩이라 걷다보면 그 거리가 수월치 않은 사실을 알 것이다. 더구나 바람 불어 추운 겨울날, 미니스커트로 나섰다간 낭패 보기 십상이다. 여의도는 생각보다 넓고 깊다. 거기 인위 속 무위란 공원이 있다. 작가의 눈은 날카롭다. 이 인간의 가증스런 신적 놀음에 대하여 일침을 가한다. 완전히 뒤집힌 놀음 아니냐. 감히 신의 피조물로서의 인간인 주제에 저 먹고 살 궁리 — 개발이나 열심히 할 일이지 신神이 만든 공간 속에서 건방지게 그 인간 세상 속 또 다른 공간을 만들어 스스로 신이 되어 버리다니. 이를 통상적 문명이라 말하고 작가는 '인위 속의 무위'라고 말한다.

『인위 속 무위』말의 도치를 유도하고 그 유희를 꿈꾼다. 삶을 외면한 각자의 가을밤을 누리는 자유 속, 혼자 있어도 함께 있는 것이 아니라 함께 있어도 혼자 있는 기분을 즐기는 이 정취는 이미 고래古來의 쾌락이 아니다. 감성은 미래 지향적이고, 커피점 아주머니와 전단지를 뿌리는 영업사원들과 샌드위치를 파는 아저씨 주변으로 쌓이는 낙엽의 정취마저 충분히 가을인 것을 낚아채는 것은 새로운 감각의 도래를 예측하게 한다.

현실태現實態의 감각에 반기를 든다.

(월평_2009년 『에세이스트』 5, 6월호)

---

*이상국 : 평론가·수필가, 경기문학 우수상, 『에세이스트』 신인평론가상 수상, 한국문협 여주지부장.

무의미한 것의 유의미화, 그 발상의 전환

한 상 렬*

 문학은 '무의미한 것들의 유의미화' 과정이 필수적이다. 스위스의 소설가 알랭 드 보통의 연애소설 《우리는 사랑인가》에는 주인공 엘리스가 등장한다. 그는 남녀가 사랑에 빠지고 헤어지는 과정을 수술을 집도하는 내과의사처럼 섬세하게 묘사하고 있다. 여주인공의 입을 통해 전달하는 메시지는 현대미술의 정수다. 한 마디로, 그것은 무의미한 것들의 유의미화이다. 이는 고정관념의 탈피일 것이다. 자신만의 독창적인 상상력을 발휘하여 대중문화의 다양한 이미지들을 예술로 만들어 지금까지 예술이란 교양 있고 품위 있는 계층만이 향유하는 것이라는 고정관념을 과감히 깨뜨린 것이었다.

미국의 저명한 철학자이자 문화비평가인 손택이 《파티잰 리뷰》에 발표한 〈캠프에 관한 노트〉는 그녀를 일약 유명한 인물로 만든 에세이였다. 도대체 캠프란 무엇인가? 캠프란 "케케묵거나 속된 것이 오히려 멋있다고 보기", "기상천외한 것이나 케케묵은 것 또는 속된 것의 좋은 점을 인정하기, 그러한 태도, 행동, 예술 표현"이라고 사전은 정의하고 있다. 58개의 짧은 글로 구성된 〈캠프에 관한 노트〉는 앤디 워홀의 팝 아트작품이 나오면서 이를 묘사할 캐치프레이즈로 사용되기 시작하였다. 워홀은 "나는 소비한다. 고로 나는 존재한다."라는 명제를 예술의 차원으로까지 끌어올리려 했던 인물이다. 즉 마릴린 먼로의 얼굴이나 광고를 예술화하려는 워홀의 장난을 손택은 '캠프'라는 용어로 사용했다.

어찌되었든, 현대문화가 캠프라는 대중미학의 선 위에 있음은 명확하다. 이러한 사실은 예술 전반에 걸친 고정관념의 일탈을 보여준다. 문학의 측면에서도 이런 경향성은 오늘의 문화를 지배하고 있다고 보아야 할 것이다. 따라서 미래의 수필문학의 창작은 이런 문화적 양태를 염두에 두고 생산되어야 하지 싶다. 무의미한 것에 대한 유의미화. 이는 말할 것도 없이 수필문학이 지향해야 할 바일 것이다. 수필문학의 의미화 과정은 이런 문화 현상을 짚어내면서 경계를 풀어나가는 과정이라고 할 수도 있다. 하여 마땅히 오늘의 수필작가는 이런 문화읽기에서부터 출발해야 할 일이다. 그러기 위해서는 독창적인 상상력을 발휘하여 대중문화의 다양한 이미지들을 예술로 만드는 고정관념을 깨뜨리는 변화가 필요할 것이다. 바로 워홀의 마법일 것이다.

코페르니쿠스의 지동설은 과학 혁명의 자극제가 되기에 충분했다. 엥겔스는 역사상 최대의 사상 혁명이었다고 평가하였고, 칸트는 코페르니쿠스적 전환으로 지구는 우주의 중심이라는 지위를 빼앗기고, 그 지위가 태양으로 옮겼다고 평가하기도 하였다. 한 마디로 코페르니쿠스의 이론은 신이 창조한 단 하나의 지구라는 당시의 가치관에 대한 도전이었다. 이런 도전이 과학의 혁명적 발전을 가져오지 않았나 싶다. 그의 이론은 그야말로 고정관념의 틀을 깨는 획기적인 사건이었다. 발상의 대전환이었다.

세계의 역사는 바로 이런 틀을 깨는 사람들에 의하여 빌진이 지속되어 왔다. 과학만이 아니라, 정치 사회, 문화, 모든 영역에 이르기까지 고전적 문법을 깨고 전통적 사고의 틀을 깨는 일대 혁신을 통해서 발전이 가속화를 불러왔다고 해도 과언이 아니다. 그렇기에 새로운 시대는 새로운 사고로 일대 전환이 필요할 일이다. 하지만 이런 변화와 혁신은 구호로만 이루어지는 게 아니고, 실제 생활에서 변화가 선행되어야 할 일이지 싶다.

수필문학은 관념의 형상화를 통해 작가와 독자 사이의 정서적이며 지적인 상호소통을 이루어내는 장르이다. 그러므로 주제와 소재 그리고 형식 사이의 결속력을 무엇보다 필요로 한다. 평면적 글쓰기에서 입체적 글쓰기가 필요한 것은 이 때문일 것이다. 전통적 문법을 사용하면서도 변화의 모색과 실험정신은 일상 속에 담겨진 보물을 찾는 일에 유효할 것이다. 그렇기에 무의미한 것들의 유의미화는 뒤짚고 파헤치는 발상의 전환에서부터 이루어질 것이다.

이달 월평에서는 『한국수필』 9월호에 발표된 작품들을 통해 필자의 이런 예단이 어느 정도 적중하고 있는가를 살펴보고자 한다.

선율에 몸을 맡겼다. 그리고 연주가 끝났다. 난 춤을 추고 있었다. 가면을 쓰고. 그 사실을 까맣게 잊고 있었다. 그러고 보니 상대의 가면에도 관심이 없었다. '에잇, 가면 속 얼굴을 알게 뭐람.' 새 연주가 시작되기 전에 어서 새 짝을 찾아야 한다. 이번에는 어떤 가면과 어울려 볼까. 아니지. 그 전에 다른 가면을 써 봐야겠다. 분위기를 바꿔봐야겠다.

- 이종화의〈가면무도회〉에서 -

　서두가 참신하다. 종래 여타의 수필의 서두와 맥을 달리한다. 한 마디로 틀을 깨고 있다. 어떤 사태가 진전될지 궁금증이 독자를 매료시킨다. "사람은 겹겹이 가면을 쓰고 산다.", "가끔은 귀여운 가면도 있다.", "가면들이 사는 세상에서 가면 없이 사는 건 위험천만한 일이다.", "가면을 쓰는 것은 자신의 의도를, 그 복잡한 감정을 감추고 싶을 때뿐이다.", 화자의 언술이 이렇게 교차하면서 '가면'이라는 고정관념에서 벗어나 존재규명이라는 수필의 항로로 다가서고 있다. 긴축적 구성, 속도감 있는 진행이 가면을 쓰는 의도의 해석과 의미화로 치닫고 있다. 존재의 문제를 가면무도회에서 유추적 발상을 통해 풀어나간 이 수필은 바로 무의미한 것들의 유의미화일 것이다. 어차피 삶이란 가면무도회와 흡사하다면, 어떻게 살아야하는가 라는 존재의 해명은 이 수필이 인간학에 터하고 있음을 보게 한다.

> 가끔은 귀여운 가면도 있다. 좋아하지만 안 그런 척, 일부러 왔으면서 우연히 만난 척, 깜짝 파티를 준비했으면서 오늘이 그 날이었냐는 재미있는 가면들. 그런가하면 용기 있는 가면도 있다. 숨고 싶지만 앞으로 나서고, 부끄럽지만 깨끗하게 시인하고, 곤란하지만 맺음이 분명해 상대에게 불필요한 기대를 심어주지 않는 가면들. 반상盤床에서 포커페이스가 되는 돌부처, 연막으로 승리를 쟁취하는 지혜, 잘난 체를 하지 않아도 스스로 빛나는 별, 가슴이 무너져도 그 마음을 다스릴 줄 아는 내공 깊은 이들은, 가면무도회를 멋진 빛의 행렬로 바꾼다.
>
> — 이종화의 〈가면무도회〉에서 —

작가의 시선이 열려 있으며, 미로를 찾아 나서듯 대상에 대한 시선의 변화가 독자를 낯설게 한다. 귀여운 가면과 용기 있는 가면에 대한 착상은 해석의 근거를 제시하면서 제재의 의미화에 기여하고 있다. 우회적 현실비판이다. 이렇게 문학의 기능은 촉발된 감수성의 표현으로

만 이루어지지 않는다. 적절한 현실비판을 통해 이 수필은 문학의 사회적 기능까지 다하고 있다. "다시 무도회가 시작되는 모양이다. 가면을 벗고 싶지만, 벗을 수가 없다. 단지, 닮고 싶은 가면을 고를 뿐이다."라는 탁월한 결미가 서두와 짝을 지어 단아한 형태와 여운과 함축을 담고 있다. 다만, 서정과 서사의 적절한 배합이 요구된다면 지나친 주문일까.

또 하나, 이 수필은 대상을 관찰하는 화자의 객관화된 시선을 통해 문제의식을 의미화하고 있으나, 수필은 주관적인 자아로부터 출발한다는 점을 간과해서는 안 될 일이겠다. 현상을 뒤집어보거나 뒤틀어보는 시선의 변화, 의식의 흐름을 좇는 내적감각에서 직조되는 존재해명의 문제가 좀더 곁들여진다면 하는 아쉬움도 없지 않다.

    거울을 밀었다. 또다시 거울의 방이다. 출구를 찾아 종일 헤맸지만, 난 여전히 미로迷路 안에 갇혀있다.
    세상은 거울의 방. 이 방엔 요즘 대세라는 LCD 닮은 거울은 없다. 볼록거울, 오목거울, 녹이 슨 청동거울, 그리고 저 유명한 백설 공주에도 나오는 요술거울까지, 세상은 요지경

瑤池鏡인 모양이다. 그런 세상 앞에 날 세우면, 그 속엔 어김없이 날 닮은 타인이 있었다. 가로로 늘어지고 세로로 오므라든 저 일그러진 형상은 세상의 눈에 비친 나의 모습이었다. 놀라웠던 건, 요술거울 속 내 모습은 거짓말처럼 멋졌다는 것이다. 그렇게 왜곡되는 내 모습이 싫어 난 오늘도 출구를 찾았다.

- 이종화의 〈거울의 방〉에서 -

이종화의 수필적 발상은 탁월하다. 그의 또 다른 수필 〈거울의 방〉은 미로 찾기에 진배없다. 거울 뒤에 다시 거울의 방. 출구를 찾으려 화자는 헤매지만 종내 미로 속이다. 그래 그는 '세상은 거울의 방'이라 명명한다. 그 해석이 자못 경이롭다. "세상은 요지경." 그래 그는 자신이 왜곡되는 게 싫어 오늘도 출구를 찾고 있다. 전통문법에서는 보기 힘든 상상이다. 수필은 이렇게 미로 찾기요, 허물벗기여야 한다. 여기서 미로 찾기는 일종의 암호를 푸는 일과도 흡사하다. 보르헤스의 작품에는 이런 미로 찾기의 모티브가 수도 없이 나타난다. 이런 상상력은 에코로 하여금 《장미의 이름》과도 같은 도서관을 미로로 형상화하고 있다. 하여 좋은 수필은 숨어 있는 그림 찾기가 된다. 이종화의 미로 찾기의 알고리즘은 그 실험의 의미가 자못 크다. 수필의 일상성 벗어나기의 첩경일 것이다. (중략)

  수필은 삶의 문학이요, 존재의 문학이다. 인간학으로서의 수필문학은 더욱 그러하다. 그렇기에 전통과의 적절한 조화, 융합의 시대에 걸맞은 발상의 전환이 필요할 것이다. 지금은 새로운 내용과 기법을 필요로 하는 시대이다. 새로움이야말로 문학의 활력이요, 디딤돌이 될 것이다. 수필을 통한 무의미한 것들의 유의미화가 필요한 것은 그 때문일 것이다.

(인터넷카페 『에세이포레』**)

---

* 한상렬 : 문학평론가 · 수필가, 『수필시대』주간 · 『에세이포레』발행 · 편집인.
** 2009년 『한국수필』 10월호에는 '거울의 방'에 대한 평론 부분만 빠진 채 수록됨.

이종화 수필집
가면무도회

초판인쇄 | 2012년 5월 25일
초판발행 | 2012년 5월 30일

지은이 | 이 종 화
펴낸이 | 서 정 환
펴낸곳 | 좋은수필사

주　　소 | 서울시 종로구 익선동 30-6
　　　　　운현신화타워 305호
전　　화 | 02)3675-5635, 063)275-4000
등　　록 | 1984년 8월 17일 제 28호
홈페이지 | http://www.shinapress.com
e-mail | essay321@hanmail.net

값 7,000 원

ISBN　978-89-97700-15-8 (03810)

*지지와 협의하여 인지는 생략합니다.
*잘못된 책은 바꿔 드립니다.